天下文化

BELIEVE IN READING

What's Next Is Now

How to Live Future Ready

原力心態

Google 模式的未來思考

Frederik G. Pferdt 弗雷德里克·佛特｜著

廖月娟｜譯

目錄
Contents

各界好評 …… 6

你的未來嚮導 …… 13

序 **這裡，就是起點** …… 21

Chapter 1 **未來與你** …… 33

你對未來了解多少？未來又對你知道多少？創造力和想像力能使你具有準備好迎向未來的心態，帶你到任何想去的地方。

未來 vs. 你的未來／你準備好迎接你的未來了嗎？／檢視你目前面對未來的心態／洞視創造力／想像力的重新想像

Chapter 2 **激進的樂觀** …… 55

激進的樂觀主義者看到的不只是「還有半杯水」。從他們的框架來看，問題變成機會。他們會擁抱卓越結果的願景，百分之百相信每一次的經驗都會帶來更好的東西。

當你說「好」／好，但是……？／現在說「是的，而且……」／重新建立框架

Chapter 3 **毫無保留的開放** ……………………………………91

毫無保留的開放是像自由落體般投入他人的懷抱，不是因為你相信他們會接住你，而是你相信，無論他們是否接住你，你都能從中受益。為了擴展自己的視野，你勇敢的接受了眼前的挑戰。

強化你的開放性／烏龍球／開誠布公／相信自己／當「意外」大駕光臨／樂於分享／尋求多樣性

Chapter 4 **引燃你的好奇心** ……………………………………129

強烈又難以克制的好奇心能讓你在未知領域怡然自得，讓你沉浸在神祕和驚奇之中，探索你未曾走過的路。「如果……會怎樣？」就是你的口頭禪。

跨越預設思維／用所有的感官探索／坦然面對未知／尋找問題

Chapter 5 **不停的實驗** ……………………………………………167

持續不斷的實驗推動即時發現，能快速反覆測試想法，一直驅使你朝向學習的方向前進。你要尋求的不是偉大的頓悟，而是許許多多小小的洞見——這些見解能引發新的想法。

實驗為什麼困難？／如果這樣，會怎樣？／尋找安全區／測試、設計、原型、重複執行／迎向風險／翻開新篇章

Chapter 6 **擴展同理心** ……………………………… 209

廣闊包容的同理心能將人們各自不同的經驗與體驗連結在一起，這會為你在關鍵時刻另闢蹊徑，並且在通往未來的道路上建立橋梁。

無私，或利他主義？／開心，還不夠／從第一人稱到第二人稱／填補缺口／以人為本的視角

Chapter 7 **你的 X 特質** ……………………………… 247

「X 特質」是你獨特的超能力，是在你內心熾熱燃燒的力量，對於現今發生在你身上的事以及你的未來，都有強大的影響力。

你的 X 特質／列出你的人生里程碑／仔細審視自己／化圓為方／想一想：你想做什麼

Chapter 8 **為未來做好準備的日子** ……………………………… 277

為未來做好準備的生活是什麼樣子／你想要怎麼活？

致謝 ……………………………… 285

注釋 ……………………………… 299

如　何
為未來
做好準備

How to
Live Future
Ready

各界好評

世界每天巨變，已經沒有完全安穩的地方了，學會大膽想像、創新思考和敏捷應變的能力是生存的唯一法則。這本書來得正是時候。

——程世嘉
iKala 共同創辦人暨執行長

《Google》模式告訴我們怎麼經營公司，這本書則讓我們知道如何啟發人。當 AI 解放了生產力，企業勝出的關鍵將是創造力，而正確的領導方式，永遠是員工維持創造力最關鍵的因素之一。

——游舒帆
360°商業思維學院院長

本書是充滿樂觀精神的指南，剖析一種新的心態，也就是對不斷的實驗抱持毫無保留的開放態度，讓夢想家能夠成為塑造理想未來的行動者。

——丹尼爾 · 品克（Daniel H. Pink）
紐時暢銷書《動機，單純的力量》作者

未來不只一條路，它不屬於 Google，不屬於 AI，只屬於願意挺身、實現理想的人。本書激勵人心、實用，這時出版正是時候，值得與他人分享。

——賽斯 · 高汀（Seth Godin）
行銷大師、全球暢銷書《紫牛》作者

作者以敏銳的洞察力和豐富的經驗，揭示未來不一定會充滿恐懼和猶豫，而是充滿機會和樂觀之地。為了自己，你該勇敢投身於未來。

——提姆 · 布朗（Tim Brown）
創意公司 IDEO 執行長暨總裁

這是一本變革指南，教你如何把握機會，打造你所嚮往的未來。

——塞巴斯蒂安 · 特龍（Sebastian Thrun）
史丹佛大學人工智慧實驗室主任、Waymo 和 Google X 實驗室創辦人

翻開本書，在作者的引導下踏上一段蛻變之旅。佛特汲取他在 Google 創新部門和史丹佛設計學院的獨特經驗，不只是談論未來，更讓你充滿塑造未來的能量。

——戈比 · 卡拉以爾（Gopi Kallayil）
Google 人工智慧計畫業務策略長

作者激發 Google 塑造未來的企業文化。現在，他把這些見解和經驗都濃縮在這本精彩的著作中。這是一本為想要領導和創新的人寫的行動指南，講述如何透過思維方式的改變，來創造我們想要的世界。如果你想要創造未來，而不是被動隨波逐流，這就是你該讀的書。

——亞倫 · 伊格爾（Alan Eagle）
暢銷書《教練》共同作者

這是一本讓你脫胎換骨的指南，使讀者能夠利用自身潛能，主動塑造命運。作者透過有目的且實用的見解，提供沉浸式的閱讀體驗，讓讀者改變觀點，點燃個人成長。讀者可吸收本書智慧，提升自我察覺，磨練直覺，並擴大自己的影響力。如果你渴望成為變革推動者，本書就是你的良伴，帶你走向自我發現之旅，帶著目標採取行動。

——蓋 · 川崎（Guy Kawasaki）
前蘋果宣傳長、《非凡思考》作者

這是一份創新者宣言。如果你渴望把「現在」轉變為「不同凡響的明日」，這是你必讀之書。

——惠特妮 · 強生（Whitney Johnson）
《聰明成長》（*Smart Growth*）作者

你能透過本書的啟發成為自己未來的建築師。作者將幫你培養未來思維，以適應這個瞬息萬變的世界。本書呼籲我們採取行動，創造自己的夢想人生。

——婷娜 · 希利格博士（Tina L. Seelig）
《真希望我 20 幾歲就懂的事》作者

本書有如一袋寶石，每一顆都可能改變你對明天的思考。作者分享自己從人生經驗累積的智慧，包含他的親身經歷以及他間接觀察到的事物，幫助各位打造令人嚮往的未來。

——艾美 · 艾德蒙特（Amy C. Edmondson）
哈佛商學院諾華領導力和管理學教授、《正確犯錯》作者

難得看到一本真正呼應時代需求的書。這正是這樣的一本書。對於任何想要在複雜的現代世界找到方向的人來說，本書就是不可多得的指南。

——艾絲特 · 沃西基（Esther Wojcicki）
教育家、《養出內心強大的孩子》作者

如果你想要為這個變化莫測的時代做好準備，非讀本書不可。佛特引導讀者了解已成功驗證多年的原則和技巧，讓他們以開放、樂觀和堅強的態度，積極面對自己的未來。

——奧利弗 · 比爾霍夫（Oliver Bierhoff）
德國足球國家隊經理

在資訊爆炸的時代，我們所處的世界和我們的心可能充滿混亂、困惑和恐懼。本書提供終極配方， 幫助我們打造理想生活。

——達拉德 · 康布（Dalad Kambhu）
米其林名廚

未來是一幅畫布，

有無限可能。

你將創造出什麼樣的傑作？

獻給安潔拉，我的人生伴侶，
我們這一家的園丁。
妳為我們滋養希望與夢想的土壤。
本書是受妳啟發而作。

也獻給我的三個孩子——喬納森、約書亞和荷西菲娜。
你們的想像力將照亮前路，
讓所有人走向
更美好的世界和更光明的未來。

你的未來嚮導

這幾位卓越人士是我在 Google 訓練、指導也密切合作過的人，會在本書各章節中出現。他們就是你的未來嚮導。他們的故事將告訴你，他們如何為未來做好準備——你也可以！

莎拉・布朗｜Sarah Brown

莎拉是學習與發展專業人士，擁有超過十年的經驗，在各個領域的專案擔任領導人。她是有遠見的策略思想家，為 Google 設計最重要的學習計畫，並擴展到全球。她也是領有執照的整合發展教練及營養與健康教練。莎拉住在新加坡，她的 X 特質是從混亂中理出頭緒。

桑德拉・卡馬喬｜Sandra Camacho

桑德拉是美國人，有法國和哥倫比亞血統。她是包容性和公平設計策略師、教育家和顧問，也是包容性設計工作坊（Inclusive Design Jam）的創辦人。這個工作坊是致力於設計公平世界的實踐社群，也是為社會變革設計的線上教育平台。她的職業生涯始於 Google，接下來的八年在美國和歐洲為 Google 從事數位行銷和設計創新工作。後來，她創立桑德拉設計（Sandra By Design），幫助世界各地的團隊建立有活力的工作文化，並提出具有社會影響力的解決方案。桑德拉住在法國巴黎，她的 X 特質是永不熄滅的熱情。

爾思．查理亞瓦塔納拉特｜Earth Chariyawattanarut

爾思熱衷於幫助個人和組織成長。他的工作生涯始於 Google 在新加坡的營運據點，目前是麥肯錫公司（McKinsey & Company）的副合夥人。他也是培養下一代領導人的職涯教練、大學講師和 YouTube 頻道主持人。他擁有達特茅斯學院經濟學和地理學學士學位。他以全球公民自居，世界各地都有他的家，包括泰國、美國、義大利和新加坡。目前，爾思住在法國巴黎，他的 X 特質是洞視他人的能力。

程紐頓｜Newton Cheng

紐頓是個丈夫和父親，曾拿下世界健力錦標賽冠軍，也是 Google 的健康＋績效（Health + Performance）總監。他在 Google 工作了近十五年，負責開發、推出和擴展全球計畫，幫助員工茁壯成長。他的使命是提供不同的真誠領導模式，激發工作場所的文化變革，讓人更關心自己和彼此的身心健康。他曾公開分享自己身為 Google 高階主管所面臨的心理健康問題和倦怠困境。紐頓住在洛杉磯，他的 X 特質是創造連結。

紀良育｜Tom Chi

良育是創投公司 At One Ventures 的創辦合夥人，扶植利用顛覆性、深度科技徹底改變傳統產業盈利模式的新創公司，在早期（種子輪和 A 輪）資助他們，以大幅減少該產業的生態足跡。在此之前，良育是 Google X 的創始成員，領導多個專案團隊，包括自駕車研發、人工智慧深度學習、可穿戴擴增實境裝置和擴展網路連結。良育住在舊金山，他的 X 特質是化繁為簡。

莎拉・戴佛洛｜Sarah Deveraux

莎拉是領導教練、策略顧問、協調人和演講者。她把完整的個人經驗——包括思想、身體和心靈——融入工作的每一個層面。她在 Google 工作了近十五年，負責多項「主管發展計畫」（Executive Development Program），之後加入致力於軟體即服務（SaaS）的新創公司，領導客戶成功部門。莎拉住在密西根安娜堡。她的 X 特質是堅韌不拔。

蘿拉・瓊斯｜Laura Jones

蘿拉畢生致力於設計思維，目前擔任生鮮雜貨配送平台 Instacart 行銷長，負責打造品牌文化、推動公司成長，及領導行銷組織。在加入 Instacart 之前，蘿拉在 Uber 建立全球產品行銷團隊、擔任乘車業務的全球行銷長，她還領導過 Google Express 的品牌和行銷溝通團隊，也擔任過 Visa 的全球創新策略經理。她是達特茅斯經濟學學士、史丹佛大學商學院企業管理碩士，也在該校的設計思考學院（d.school）學習。蘿拉目前是聯合國兒童基金會美國分會董事會成員，與家人住在舊金山。她的 X 特質是創造意想不到的連結。

亞當・雷納德｜Adam Leonard

亞當幫助領導者、團隊和組織，使他們得以將自己的潛力發揮到極致。他曾在 Google 領導力學院（School for Leaders）工作，指導過數百名資深領導者，主持 Google 最重要的領導力發展計畫「在複雜環境中領導」（Leading in Complexity），並創立了 Google 全球冥想社群。他也是《生活整合實踐：二十一世紀身心靈全方位發展藍圖》（*Integral Life Practice: A 21st-Century Blueprint for Physical Health, Emotional Balance, Mental Clarity, and Spiritual Awakening*）一書的合著者。亞當住在加州索諾馬，他的 X 特質是整合思維。

塞斯・馬爾賓｜Seth Marbin

塞斯是藝術家、活動家，並致力於催化變革。他建立團隊和工具，使人創造正面的社會影響並發揮個人的最大潛能。在 Google 工作的十二年間，塞斯協助開發了社會影響、志願服務和捐贈計畫。此前，他曾三度與美國志願服務隊（AmeriCorps）合作。他喜歡創造和打破常規，經常問自己：「我們可以怎麼做？」以及「為什麼不（這麼）做？」他致力於促進正義、快樂、平等、同情心、創新和包容性。塞斯與伴侶及孩子住在加州阿拉米達，他的 X 特質是過動症（ADHD）給他帶來的神經多樣性和高度專注力。

喬恩・雷克里夫｜Jon Ratcliffe

喬恩是 Engage Video Group 的創辦人兼執行長。這是一家尖端的社群影音媒體技術公司。喬恩之前曾在 Google 工作，負責領導 YouTube 在全球市場的業務。他認為社群媒體影片的力量能影響變革，並且曾幫助世界知名品牌、名人和事業單位創造數十億影片觀看次數。他也是倫敦商學院等大學院校的講師。喬恩住在南非開普敦，他的 X 特質是大膽嘗試。

凱樂・萊恩｜Kalle Ryan

凱樂是屢獲殊榮的作家、創意大師和溝通策略師，擅長短劇和朗誦詩歌。他目前為全球品牌提供溝通策略和員工體驗方面的建議，也為他們解決創意難題。他曾在 Google 和 Meta 的執行部門和內部溝通部門開闢創新之路。凱樂住在愛爾蘭都柏林。他的創意源源不絕，這也正是他的 X 特質。

伊莎貝爾・史聶比格｜Isabelle Schnellbüegel

伊莎貝爾具有創業家精神，擅長為日益碎片化的世界和話語權漸增的消費者打造富有遠見的策略。她是埃森哲子公司

Accenture Song 的策略及轉型長，負責奧地利、瑞士和德國的策略團隊和專案。她曾擔任奧美公關（Ogilvy Germany）在德國的策略長，也曾在 Google 的都柏林據點從事銷售和品牌工作。伊莎貝爾是 Strategy Collective 的共同創辦人；這是一個策略及規劃網絡，目標是共同創造德國的未來策略。她也主持 Podcast 節目 Strat Talks。為了讓忙碌的心平靜下來，她在阿爾卑斯山區征服高峰——夏季徒步，冬季滑雪。伊莎貝爾住在德國慕尼黑。她的 X 特質是在混亂中創造秩序。

拉菲爾・謝｜Raphael Tse

拉菲爾是行政和領導力教練，也是《財星》百大企業和新創公司的策略顧問。他獨特的視角和經驗來自在 Google、麥肯錫公司和摩根士丹利（Morgan Stanley）等企業的歷練，幫助團隊和個人保有正直、真誠和善心，展現最佳表現。他深入研究人類心理學和生理學、人際互動、成人發展等領域。他是鐵人三項高手，在世界排名前一％。拉菲爾住在加利福尼亞州聖馬特奧，他的 X 特質是堅持到底。

亞絲翠德・韋博｜ Astrid Weber

亞絲翠德是 Google 蘇黎世分公司的產品包容性與平等部門的使用者體驗（User Experience，縮寫為 UX）經理。她熱衷於發起使用者體驗公益計畫（UX for Good），特別關心如何利用使用者體驗的設計來推動氣候科技、改善難民的處境。她是敏捷開發的衝刺領隊，也是正念教練，為團隊培訓創新技能和以使用者為中心的思維方式。她是芝加哥藝術學院（School of the Art Institute of Chicago）的設計學學士，柏林藝術大學（Berlin University of the Arts）碩士。她為學術期刊寫稿，並擔任美國計算機協會（Association for Computing Machinery，縮寫為 ACM）會議主席，主持人機互動會議、普存計算會議，以及計算機支持協作工作與社會計算會議。亞絲翠德熱愛滑雪，經常在阿爾卑斯山出沒，也喜歡到世界各地旅行。她的 X 特質是好奇心。

序

這裡，就是起點

我住在加州聖塔克魯茲山區（Santa Cruz Mountains）。二〇二〇年八月的一個傍晚，我得離家，不知回來的時候這個家還在不在。猛烈的閃電風暴在這個郡各處引發野火，至今已燃燒超過兩個禮拜，眼看火勢一天天逼近。警長來按我家門鈴，交給我疏散令，已是我意料中事。

我們必須在十分鐘內撤離，且當下就必須做決定。我知道這個決定對我和我的家人有長遠的影響。我無法阻止大火吞噬我們的家，唯一能掌控的是應變的態度。在這緊急時刻，我決定把恐懼拋在腦後，專注於眼前的機會。

我一直秉持這樣的信念生活：變化是有益的，不是威脅。我們早就準備好了，知道在這種危急時刻要攜帶哪幾樣東西。我們有足夠的物資可以度過接下來的日子。儘管很可能失去一切，但我們可以選擇如何調整自己的思維。萬一碰上變化，我們已做好心理準備。

我們跳上露營車，開車下山到矽谷，在接下來的十一天，住在好幾個朋友的車道上和各個可以停車的地方。我們從新聞報導得知情況沒有好轉，但經歷這個事件之後，我們更有信心：無論結果如何，我們都會沒事的。

這無疑是氣候變遷帶來的災難。加州長年乾旱，那個夏天還出現破紀錄的熱浪，為蠢蠢欲動的野火創造絕佳的條件。火勢終於得到控制，我們返回家園時，已為自己規劃了一條截然不同的道路—— 把心思放在環境上，為環境帶來有意義且重要的影響。野火止息後，我們不再像以前那樣生活，而是堅定的朝向未來前進。

我在 Google 工作超過十二年，負責建立創新文化的計畫和專案，與來自世界各地的人合作，包括數千名 Google 員工、執行長、政府官員、新創事業的創辦人、非營利組織領導人和學生。我的工作完全聚焦於未來—— 如何在遭遇前所未有的情況下發現潛力、克服挑戰。未來的混沌不清和變化多端吸引著我，因為我看到了其中的機會。

但未來正以更迅速、猛烈的方式逼近我們。當未來迎面而來，你必須做出決定，是要忽視未來（把頭埋在沙子裡）、抗拒未來（為維持現狀而戰）或是擁抱未來（進而利用未來）。我無法忽視這場野火—— 我必須保護家人。我想，我確實抗拒了幾個小時。明知徒勞無功，我還是拿水管噴灑房屋。一旦我決定接受即將發生的一切時，一扇門在我面前打開了。

為未來做好準備—— 培養必要的能力去應對迎面而來的巨浪—— 可以讓你從未來創造出前所未有的東西。

明確的說，為未來做好準備不是指準備好防災包，以防萬一（雖然有鑑於我的親身經驗，這確實不是個壞主意），而是意味做好心理準備，不只是在災難中存活下來，還要左右發生的事件，導向不同的結果。

為未來做好準備，是一種敏於察覺未知的心態。通常我們會設法從過去找出類似模式，來推測可能發生什麼事，再根據自己的預期計畫決定應該怎麼做。如果過去沒有可供參考的模式，你要如何決定下一步？在沒有後見之明，也沒有先見之明的情況下，其實你依然可以決定未來將如何發展。我說的不是預測未來，也不是提升對未來發展的洞察力，而是選擇未來要發展成什麼樣子。

人們往往對未來感到矛盾。我們知道未來應該令人興奮—— AI、自駕車、循環經濟！我們從小就被灌輸這樣的思想：有朝一日，我們將在火星上生活。在高中畢業典禮上，我們告訴孩子要把握未來，彷彿未來是手到擒來的東西。誰不想踏上這趟刺激的旅程？

同時，我們也感受到實現這些承諾的壓力，以致於我們不像原本設想的那樣積極追求未來，反而逐漸採取觀望的態度，最後演變成接受現實、順其自然的模式。不知不覺，我們只是讓未來發生在我們身上，而不是創造自己想要的未來。

為什麼我們不是未來的駕馭者，而是乘客？首先，因為我們已經長大成人了！我們累積足夠的技能、經驗和資源，可以做一些真正有趣的事情和變化時，童年時期對未來的希望、好奇和創造力，卻被成年後對現實生活的失望和恐懼取而代之。於是，我們就這樣坐著—— 有時甚至就這樣過了一生—— 繃緊神經，面對下一個挑戰，而非積極的創造未來。

我在德國西南部的拉芬斯堡（Ravensburg）長大。這個小城以眾多中世紀塔樓和城門聞名。小時候的我很害羞、沒有自信，喜歡待在家裡，不喜歡上學。父母很關心我、疼愛我，鼓勵我培養動手做和修理東西的興趣。

我一天到晚在爺爺的工作室裡摸索。那裡曾是製造飛機引擎的地方。我和父親在那裡花了半年的時間，打造出一架馬達驅動的模型飛機，可惜才飛幾分鐘就墜毀了。我們還曾翻新一輛老式偉士牌機車，成為鎮上最快的機車。烹飪幾乎完全符合我喜歡做實驗的天性，以至於有一段時間我想當廚師。

與自學相比，我對學校教育感到失望。我認為在現實世界最有用的能力—— 例如創造力、同理心和韌力—— 並非學校課程的重點。老師提供的工具不符合我的需求，無法幫助我過著有意義、有影響力的人生。我希望上大學能讓我將來有機會改革學校教育，特別是運用科技來改善教育體驗。

我剛到康斯坦茨大學（University of Konstanz）就讀時，因為獨自來到陌生環境，讓我有些焦慮。但我很快就喜歡上這種新鮮的體驗，決定要儘量置身於新環境中。我對自己承諾，我要行遍天下，努力探索七大洲，儘可能接觸不同的文化和挑戰。學業告一段落時，我已在多個地方工作和學習，包括上海、開普敦、布宜諾斯艾利斯、加州長灘和紐約——最後兩站是在史丹佛設計研究中心當客座研究員，以及在哥倫比亞大學教育實驗室擔任訪問學人。

我回到德國後，在帕德博恩大學（Paderborn University）完成博士學位。並從研究中得知，教育發展的速度遠不及科技。我看到深入了解這個差距的機會，於是開設新創公司「學習設計實驗室」（LearningDesignLab），探討教育工作者如何運用科技快速提升學生的學習體驗。我們與當地幾所職業學校的教師合作，引進一些 Web 2.0 創作工具，幫助學生準備參加前往中國、韓國和日本交換學生的計畫；這是我在帕德博恩大學擔任研究員時協助建立的計畫。學生很快就掌握了這些工具——一組學生製作了 Podcast 節目，另一組建構影音部落格，探索並分享他們即將沉浸於其中的文化。這十分令人興奮。學生從這次體驗獲得我希望他們得到的一切，教師的收獲則差強人意。

學習設計實驗室本來應是前瞻學習的交匯點，讓世界各地教育工作者獲得最新學習和諮詢資源的協作平台，以加速教育科技的發展，幫助學生為未來做準備。但事實上，前導計畫中的教師一旦完成義務，我們就再也沒有收到過他們的消息。雖然學生們抓住這些工具並巧妙運用，且與其他學生分享，但我覺得教師只是敷衍了事。如果這是未來的方向，他們已走向其他地方，道不同，不相為謀。

於是，我的新創公司就像枯萎的藤蔓。這次經驗給我最大的啟示既令人震驚又很簡單：關鍵不在於科技，而在於態度。與其把數位工具放在教師手中，我應該訓練他們，幫助他們調整心態，像學生一樣包容、好奇心旺盛。這些工具在懷抱開放態度的學生手中非常強大，對教師來說卻毫無用處，他們只覺得這些工具很陌生且具有威脅性。

相較之下，我評估自己多年的旅行和學習經驗時，發現每一段經歷愈是獨特、令人不安，我從中成長得就愈多。經過一段時間，我發現自己會積極面對新事物帶來的不安，因為結果總是讓我獲益良多。最終，我發現自己能在面對不確定或陌生情況時洞視機會，這就像某一天醒來突然會說一種新的語言，或是能開飛機。我感覺眼界大開。

我發覺自己經常碰到對模糊不明或不確定的狀況感到不安的人，他們會避免無法立刻理解的事物。人類天生就會想要了解事物的本質，為發生在自己身上的事情編寫一個安全、熟悉、可以依循的腳本。但在現實生活中，事情不會如此發展。我開始思考，為什麼我們不改變自己面對未知的心態，以便影響實際發生的事情。

就在這時，我到 Google 擔任首席學習設計師，負責創新、創意和設計領域的計畫，我渴望在這裡運用我從創業經驗中學到的東西。是的，我加入了世界最大的科技公司，但我要教他們的是：科技不是重點。

我在 Google 的職責是與團隊合作，合作對象愈多愈好，以了解創新在這個以創新聞名的組織是怎麼發生的。接著，我要設計一門課程，支持全公司開發創新解決方案。目標是培訓來自組織各個角落、各個階層的員工，讓他們能用「Google 的方式」來創新，並解決任何問題。

一開始我以都柏林為據點，在最初的一年六個月中，走訪二十七個 Google 辦公室，與數百名在世界各地工作的 Google 員工會面。簡而言之，我發現並沒有所謂的「Google 創新法」。推動創新的 Google 員工並沒有遵循特定的創作流程，也不是在某種特定的環境中創新。他們的共同點是：擁有一種非常獨特的觀點，而這種觀點會影響他們的工作態度。

我還發現，對這些 Google 員工來說，創新本身並不是重點。他們關心的是什麼東西會超越他們可能開發的新產品或服務。他們在思考未來。

在我擔任 Google 首席創新傳道者（Chief Innovation Evangelist）並與這些才華洋溢的人一起工作、學習了十幾年後，我得以向眾人傳播這樣的好消息：你們擁有創造力；你們確實有能力琢磨自己的觀點來創新和塑造未來。由於身在這樣的職位，很多人打電話或寫信問我：「我要怎麼做才能更具有創新精神？」這些年來，我在這個領域工作，清楚看到一個人或一個組織在創新方面是否具有正確思維方式之間的區別。即使是一家擁有全世界資源的公司，如果對未來沒有正確的觀點，就無法創新。一個頂尖的創意人，如果不能面向未來，一樣無法創新。

我相信自己在數千名具有創新精神的 Google 員工身上觀察到的觀點——我稱之為「**準備好面對未來的心態**」——就是激發未來潛力的祕訣。這種流動的、高度投入的心態包含幾個特定面向，使你能夠駕馭模糊不明與不確定的狀況。如果你能強化這些面向，你做出的決定會更有影響力，並且是以人為主，而非以流程為重；這些影響將更能循環不息，而不是只產生短期、單方面的結果；這些決定也更公平、更不會受到偏見影響，更著重目標、更順應自然，甚至更能觸及精神層面。

準備好面對未來的心態是你心中的指南針，可促成外在轉變。這種心態也是你透視問題和挑戰的稜鏡，讓你看到創新和實現改變的機會。你創造敘事，也決定故事如何展開。

未來不只有一種結果。對你以及你所屬的社群來說，你們可能擁有無數的未來發展結果。懷抱準備好面對未來的心態可推動與他人的合作及夥伴關係，可能對你們共同的未來帶來快速又深遠的影響。

如果你問：「未來會帶來什麼？」這是從被動立場提出的問題。已經準備就緒，知道如何面對未來的人會這樣問：「我想要創造什麼樣的未來？」準備好面對未來的心態使你得以測試未來，在反覆嘗試之後塑造你選擇的道路。這是你的操作系統、你的引擎、你的探測杖，散發能量和靈感，每天都在引導你朝向自己所創造的未來。

不久前，我參加了為期十日的禁語靜修營；這是我做過最困難但也最有收穫的一件事。前三天，我們完全專注在呼吸上—— 具體來說是集中在鼻孔下方、上唇上方這個小區域

—— 單純的觀察吸氣和吐氣。過了這個階段，心就靜了下來，不再像在樹枝間跳躍的猴子，追逐各種念頭。在接下來的七天裡，我觀察自己身體、心理和情緒狀態最細微的變化，體驗到大自然的終極法則：變化。

我深刻的體會到—— 發生在我身上和周圍的變化持續不斷、從未停止。我一直都相信這個道理，但是現在才意識到，對過去的我而言，那只是一個抽象的信念。這次靜修的體驗讓我從近乎分子的層面去體會變化。靜修十日後，我更能深刻、敏銳的察覺未來。

開車回家的路上，我對未來之路充滿信心，也有清晰的認識，不管這條路通往何方都不會動搖我的想法。我在想，我們都有抗拒變化的天性。一旦出現變化的跡象，我們就緊張兮兮、如臨大敵。但如果我們主動選擇面對變化，就能樂觀進取，從變化看到機會。如果我們接受無常的概念，能夠善於應對突發事件，會怎樣呢？如果我們始終擁有準備好面對未來的心態，會如何創造明天、下週或明年？

我寫這本書是因為往者已矣，來者可追。我寫這些是因為我為**你**的未來感到興奮不已。你有機會投資自己來影響未來的發展。你面臨比以往更重大、更難解決的全球性問題。你也有與事業或人際關係有關的個人煩惱。這些是迫在眉睫的挑戰，需要採用開放、靈活和人性化的方法因應—— 準備好面對未來的世界觀，可讓你把未知的事物轉化為你本能就知道如何處理的課題，發現解決方案，實現改變，影響他人。

這本書不只是用來閱讀，更是用來**體驗**。在日常生活中，刻意強化並運用準備好面對未來的種種面向，看看會發生什麼事。與你周遭的人**談談**—— 他們跟你一樣，也想實現自己主動選擇的未來，而不是被動的接受發生在自己身上的未來。**利用**書中各章的互動想法、插畫和思維模式改變練習來強化你的學習。

也請**傾聽**本書收錄的一些傑出 Google 人員的心聲。他們曾接受我的訓練與指導，與我密切合作，運用我們共同學到的知識，開發每天觸及超過十億人的計畫和產品。他們當中，有許多人已把準備好面對未來的心態帶到世界各地，激勵他人提升這些面向來創新及驅動自己的未來。對我來說，這些人正是最佳的見證，證明未來可以完全成為你想要的樣子。

本書的目的不在改變你，而是要告訴你，你可以善加利用自己內在已有的強大資產，不只是能為即將到來的一切做好準備，還能主動塑造你的未來。培養準備好面對未來的心態不是一朝一夕的事—— 你必須對抗存在人類經驗中長達千年以上、根深柢固的自然力量。這需要設定目標和持續練習才能實現。本書希望能立即產生影響，讓你在閱讀當下就感受到自己的觀點開始轉變。

銘記本書所述，你將更有覺察力、更具直覺，也更能發揮自身的影響力。在了解自己潛能的同時，你將豐富自己的體驗，並提升他人的生活。最後，如果你希望自己能參與偉大的變革—— 活在你夢想中「更好的世界」裡—— 就必須從自己開始。積極行動並掌握自己的力量來塑造你追求的未來。這就是起點。

Chapter 1
未來與你

你對未來了解多少？未來又對你知道多少？
創造力和想像力能使你具有準備好迎向未來的心態，
帶你到任何想去的地方。

你多常思考未來？常常思考？偶爾思考？還是從不思考？思索未來的頻率透露你對目前狀況的滿意程度，以及你是否對未來充滿希望。你可能常常想到未來，因為未來會讓你聯想到目標和抱負，或是未來會使你對將來某一天有著模糊的憧憬。也許，你不願去想未來的事，因為未來代表種種不確定性，世事變化無常，禍福難料，你會因此焦慮。你對未來的感覺可能視目前的處境而定，在希望和恐懼之間擺盪，也可能取決於你所處的文化、社會和經濟情況。

更重要的問題是：你想到未來的時候，是否想像自己身在其中？在不久的將來你會如何？這很容易想像，因為那個你和今天的你應該差不多。但是，你能想像二十年後的自己嗎？五十年後呢？也許不大容易，至少無法清晰的想像那時的自己。對大多數的人來說，想像遙遠的未來時，無法認清那裡的自己或是產生共鳴，因此很容易認為現在行為的後果和自己毫無瓜葛。那樣的未來也變得平面、單調，有點像是光鮮亮麗的舞台布景，裡頭有 AI、機器人，時空旅行變成家常便飯。在很多人的眼裡，未來看起來就是這樣，因為這正是未來學家為我們描繪的圖景。

未來 vs. 你的未來

未來學家是一群有趣的人。他們時時刻刻都在思索未來，根據當代趨勢預測未來。有些人以數據為依據，直截了當的預測未來折線圖下一段的走向。還有一些人在考量數據之後，便大膽推測未來會有哪些劇變。當然，最有趣的未來學家是那些瞄一下數據，就能用靈活的想像力描繪出讓現今一般人嚮往或驚懼的未來圖景。

我很佩服未來學家，多年來我閱讀他們的作品或追蹤他們的研究。這些未來學家各自的視角略有不同，勾勒的未來也不盡相同。儘管如此，我可以有把握的斷言：**未來學家思考的那個未來，不是你的未來。**

未來學家關心的是趨勢、預測和技術的融合，由此了解未來發展的走向。他們會回顧過去，辨識模式，然後指向遙遠的未來，在某個時間點，他們的預測可能會實現（也可能不會）。他們的未來是理想的，很少像現在或過去那樣複雜又矛盾。然而，不知為何，未來學家愈是努力把人類置於他們描繪的圖景之中，我們就愈難與之產生共鳴。這是因為我們認為自己不是某個趨勢或模式的一部分。我們認為自己的未來是一條個人的敘事弧線，即使這條線模糊、不好掌握、難以界定，讓我們感到焦慮。

當然，我們會擔心未來。過去和現在讓人感覺比較安全，猶如令人安心、堅實的土地，反之，未來則是我們恐懼的宇宙蟲洞。在大多數情況下，這只是源於我們對變化的懼怕——有趣的是，從演化來看，我們一直活在變化當中，我們生存的環境也在不斷變化。弔詭的是，即使我們百分之百是變化的產物，但我們天生依然抗拒改變。換言之，**雖然變化塑造我們，我們卻不是為變化而生。**

不只是演化不斷逼迫我們適應、改變，變化正以空前的速度瘋狂加速，以至於我們可以親眼看到變化就在眼前。這種持續不斷的變化讓未來學家飛快吐出一個又一個預測，這些預測躍上新聞頭條，讓人對未來更加焦慮。

我有個好點子：讓我們從未來學家的手中奪回言論主導權。與其擔心未來**可能**發生什麼事，不如好好想想，在你的未來**應該**發生什麼事。你的未來不在遙不可及之處，未來就在你眼前。未來是由你做出的（或你沒做的）無數選擇所組成，這些選擇決定了你的人生走向和達成人生目標的方式。你**所做**的每一個選擇編織、塑造了自己的未來，而你**沒有做**的選擇，累積起來會把人生導向別人為你設定的方向。

你做出的選擇愈多，就會看到更多的可能。你運用的可能性愈多，就愈有能力創造出想要的未來—— 這是專屬於你的未來，由你自己，透過一個又一個選擇打造的未來。

你準備好迎接你的未來了嗎？

想像下面幾個場景：你在迪士尼樂園的知名遊樂設施太空山裡。你坐上雲霄飛車，繫好安全帶。眼前一片漆黑，你看不到前方有什麼。飛車劇烈搖晃，你左搖右擺，每一次急遽下降，都不由得發出驚聲。你努力做好心理準備，以面對飛車下一次突然上升或下降，但你不知道它什麼時候會急速升降。三分鐘後遊戲結束，你如釋重負的走出車廂，步入陽光。然後，你又加入排隊的人龍，打算再玩一次。

你在美國大峽谷泛舟，經過洞穴、瀑布、溫和的支流和兇猛的激流—— 這些都是科羅拉多河在幾百萬年間切割岩層形成的。歷史決定你的路線，但你已研究過這條河流的特徵，得以預期並適應可能面臨的挑戰。

你是機師，要從波士頓飛到舊金山，暴風雪正席捲美國中西部的北部地區，南部則有雷暴。你知道這趟飛行需要的資訊（如風向、風速和天氣模式），你也知道如何利用這些資訊選擇最安全的路線，平安抵達目的地。

你在拉斯維加斯玩吃角子老虎。你已經玩了好幾個小時，一心想要中獎，因此你投了一枚又一枚二十五美分的硬幣。你在某台機器上面玩了二十分鐘，什麼也沒中，就轉往下一台。但你發現，有人坐在你剛離開的機器前，拉了一下桿子，竟然就中獎了，無數硬幣傾瀉而出，掉落到托盤上。你心想「真討厭」，同時在「克麗奧佩特拉的寶藏」機台再投入一枚硬幣。

這些情景應該會讓你思考：發生在你身上的事能有多大的影響力？[1]你是否已準備好面對即將發生的事？你是否能夠趨吉避凶？

可以確定的是，你無法控制每一件發生的事。太空山的飛車會急轉彎，河流會奔騰，代幣（或硬幣）會自行掉落在某一個地方。然而，你可以確定的一件事是：你**可以**控制自己如何回應這些事件。如果你頭腦清楚，就能為即將發生的事做好心理準備，無恃其不來，恃吾有以待之。這就是**準備迎接未來的心態**。

你的心態是在任何一刻的觀點，包括你當下的想法、感覺、專注的事物，它們會決定你如何體驗當下。這些感受和認知會影響你的行動或反應，就像你的瞳孔會根據外界光線的強弱放大或縮小，你的心態也會隨著當下的氛圍和狀況而出現波動。

準備迎接未來的心態意謂具有下列關鍵面向：**樂觀、開放、好奇、實驗、同理心，以及你個人獨有的 X 特質。**

✓**激進的樂觀**不只能讓你看到「還有半杯水」，還能讓你用正面的角度來定義問題，擁抱卓越結果的願景。如此一來，你就能在經驗的各個角落發現機會。

✓**毫無保留的開放**讓你像自由落體般落入他人的懷抱，不是因為你相信他們會接住你，而是你相信不管他們是否接住你，你都能從發生的事情中獲得好處。於是，你會剛好來到機會青睞之地。

✓**引燃你的好奇心**能讓你在未知領域怡然自得，使你探索從未走過的道路，沉浸於神祕和驚奇之中，也會為你打通一條通往機會之路。

✓**不停的實驗**能刺激即時發現，快速、反覆的測試想法，不斷驅使你朝向學習的方向前進，並確定最值得追求的機會。

✓**擴展同理心**能把人們各自不同的經驗與體驗連結在一起，這會為你在關鍵時刻另闢蹊徑，並且在通往未來的道路上建立橋梁，也能增強每一個機會的影響力。

✓**X 特質**是你獨特的超能力，是在你內心熾熱燃燒的力量，對現今發生在你身上的事以及你的未來，都有強大的影響力，能激發你把握機會採取行動。

這些心態面向能整合你的才華和性格，成為達成未來目標的助力。因為這些特質相互結合、充分強化後，將形成某種世界觀，讓你看到周遭的種種可能，所以強大無比。在你做決定時，這些源於你內心最深處人性的特質，影響力要比其他因素來得大。

然而，這些特質也需要好好鍛鍊，才能發展出賦予其力量的「肌肉記憶」。如果你不能利用這些特質，等於自廢武功，你就看不到最好的選擇，或是無法看到這些選擇，反倒讓本性中的其他元素（如恐懼或焦慮）驅使你做選擇，對結果無可奈何。

一旦你砥礪這些特質，不可思議的事就會發生。首先，你會迫不及待想要迎接未來，懷揣興奮讓你的選擇帶著你走。

你還會做出更多選擇，而更多選擇意謂更多機會。你一直在前進—— 這些特質不會把你釘在原地，也不會扯你的後腿。最後，你的未來將變得近在咫尺而且具體可見，而非遙遠、抽象的空中樓閣。

請務必了解，為未來做好準備的心態面向並不是某種框架，並非能讓你一勞永逸且結構嚴謹的未來規劃，而是動態、獨立且能夠互補的因素，它會波動、不斷出現、展開和重組。我們會被框架和靜態模型吸引，是因為它們能使我們的思維停留在熟悉的脈絡之中。然而，現實世界並非如此。不要緊抓著你熟悉的東西，我希望你能透過這些層面的探索看到新的東西，並用不同的角度看待未來。

這些面向不見得會同時交流互動，也有不同程度之別，它們確實可以互補，但無法全面或協調的表現出來。就準備迎接未來的心態而言，每一種經驗都是獨特的反應—— 有時需要更開放的思維，有時要有更多的同理心。就像 DJ 混音，可能在播放一首歌曲時加強低音，而在播另一首歌時調整節奏，你要懂得因時制宜，在特定時刻敏於察覺應該著重於哪個面向。

檢視你目前面對未來的心態

請想像這種情況：你從小就夢想成為醫生。你從一所不錯的醫學院畢業，目前在頂尖的教學醫院擔任第三年住院醫師。你已知這條路不輕鬆，但繁重的工作、睡眠不足，加上同事勾心鬥角，令你厭煩，因此你認真考慮辭職、轉行。但你有二十萬美元的學貸，也不知道不當醫生的話，還能做什麼養活自己。你沒想到自己會落入這樣的境地。你該離開醫院，還是留下來？

關於這個重要決定，請你與自己好好對話，在每一個面向下方圈出最能代表自己想法的陳述（見右圖）。

現在，畫一條線，把你圈出的陳述連接起來。大多數人畫出的線條不會是垂直的一條直線，而是會左右彎曲，有時偏左、有時偏右。如果你心滿意足的結束一天的工作，或者是前一晚睡了個好覺，甚至可能會圈選不同的陳述，把圈圈連接起來之後，就會看到不同的模式。

光是做個練習，就能讓腦袋活躍起來，對吧？你的心態是流動的，會不斷適應環境。這些面向會在你的心態中出現不同程度的變化。你可能極度樂觀，但沒有足夠的好奇心去發現其他的東西。或者，你可能對不同的經驗抱持開放的態度，但實驗精神不足，乃至於無法確定下一步該怎麼走最好。即使你耗費八年的時間和很多錢在這條路上，也許你還沒準備好做出必要的選擇，追求真正想要的未來。

●激進的樂觀	我很快就能找到一份更有成就感的工作。	過一陣子，我就不會那麼難過。	現在要轉換跑道太遲了。
●毫無保留的開放	我迫不及待地想要發現所有的可能。	我不確定自己還能做什麼。	除了醫學，其他我一無所知。
●引燃你的好奇心	我可以從自己的經驗中學到什麼？	如果學醫不只是當醫生，是否還有其他可能性？	也許對我來說，沒有新東西可以學了。
●不停的實驗	我知道如何找出最適合我的做法。	我不知道如何釐清自己適合走哪一行。	我不想走錯行又再度失敗。
●擴展同理心	如果我不熱愛醫學，病人會受到傷害。	我的同事可能也有同感。	我得讓自己有安全感，也得負起責任。

你已經熟悉突然面對威脅的本能反應——戰鬥、逃跑或是僵住。這些是你無法控制的自動反應，取決於個性和過往

的經驗。你的心態和這些反應不同。即使面對同一個事件，引發你採取戰鬥、逃跑或是僵住不動的反應，心態仍會影響你的行為和決定。例如，樂觀或開放心態可能使你迅速跨越壓力反應，把充滿威脅的那一刻轉化為機會。

想像你第一次去亞洲玩—— 第一站是東京。你選擇搭乘新幹線去京都一日遊。就在你抵達之際，卻發現手機不見了。你瘋狂的在口袋和背包裡找，但就是找不到。是不是放在前一晚過夜的飯店，忘了帶走，或是掉在計程車上？該立刻掉頭，回東京去找嗎？由於你剛弄丟手機，恐慌不已，腦子一團亂，不知道該怎麼辦。你花了點時間說服自己不要衝動。幾分鐘後，你決定既來之則安之，畢竟已經花了好幾個月研究這個古都，人都來了，那就巡遊一番。

接下來呢？你跳上電車，在伏見下車，你記得書上說這裡有個叫作「伏見」的神社。但你沒找到那個神社，你發現自己來到一條酒藏小徑，原來這裡是清酒之鄉。於是，你在這裡待了好幾個小時，沉浸在京都的五百年釀酒史中。在返回東京的列車上，你不斷思索：這個古老的行業如何創新、適應環境，在未來開闢一席之地？

你看到這些面向如何對你的選擇產生長期和即時的影響。面對未來的特質已存在你的內心，任你召喚。你也能培養、強化這些特質，使之成為另一種預設反應，確保你有所準備，得以充分善用任何發生在你身上的事。

現在，讓我們思考，在準備好面對未來的各個面向之下，如何點燃創造力和想像力之火？

洞視創造力

根據我的經驗，大多數的人都誤解創造力，認為這是上帝賜予少數幸運兒的罕見天分。會有這樣的誤解，是因為我們只看到創造力的「結果」—— 藝術作品、顛覆性的技術、科學突破等—— 而非「過程」。[2]「創造」的行為教人嘆為觀止、自嘆弗如，我們因而很快認定這件事超出自己的能力範圍，感嘆「我永遠都做不到！」我們不是主角，只是觀眾，等待別人創造下一個驚人的作品，而非自己去創造驚奇。

二〇〇九年我與史丹佛大學的設計思考學院合作，開始探討在為未來做準備時，創造的過程扮演了什麼樣的角色。我在那所學院接觸到一種設計方法，使我把設計看作動詞、一個結合聚合與擴散思維的主動過程，用以識別問題或機會，發展新的想法和解決方案。不久，我就發現創造的過程是創造力當中比較重要的部分。

聚焦於**過程**而非**產物**，有助於打破對創造力的錯誤認知。創造的過程其實就是你的大腦對感官接收到的一切資訊建立聯想。每一個人都在不停建立聯想，有時是有意識的，有時則是無意識的。聯想會不斷出現。創造力與準備好面對未來之間的關係，關鍵就在於你如何利用這些聯想。

儘管創造力的產物光彩奪目，讓人移不開目光，但創造過程的核心是輸入。在我眼裡，輸入的東西就是點，許許多多的點。這些點是無數碎片，來自資訊、經驗或想法。我接收創造過程輸入的東西時，就能看到這些點。我對這些點的存在有所警覺，也在蒐集這些點，把其中一部分引入我的思考之中。我心態中的樂觀、開放和好奇心使我看到這些點，然後蒐集起來。

現在，我要開始輸出創造的結果。我把那些點連接起來，玩弄資訊和想法碎片的無限組合。由於這些連結相互碰撞，有時我會把新東西推向世界。同理心、開放和實驗精神使我把這些點連結起來。

你能透過敏於感知周圍存在的點來控制創造過程所輸入的東西。你可以訓練自己看到更多的點，並把這些點拉近。你也可以訓練自己把更多的點連結起來，用這些點創造新的東西。

在你每天上班的路上，你可能發現多少個點？你走過同樣的五個街區到地鐵站，上車，經過八個站，下車，走過三個街區，公司已在眼前，你在轉角的咖啡攤車停下腳步，然後走進大樓。如果你處在自動駕駛模式，幾乎看不到什麼點。或者我應該說，你看到的都是同樣的東西，早已視若無睹。一旦張開眼睛，你會看到很多東西。

走向地鐵站的時候，如果你刻意去看每一個與你擦肩而過的人，或者你提前一站下車，或是在沒光顧過的店買咖啡，當你坐到辦公桌前之時，腦海裡會有一些與平常略微不同的想法和念頭。沒有天翻地覆的改變，只是有點不同。你今天受到的刺激——資訊和想法的點點滴滴—— 也許能幫你解決昨天困擾你的一個小問題。

創造力包含許多面向，表現和展現的形式不拘一格，有些是具體的，有些則是抽象的。在我們深入了解這些面向時，你會看到創造力如何促進這些領域的成長，幫助你培養構成未來的原料。

想像力的重新想像

未來學家喜歡清晰的影像。他們提出的趨勢或預測通常會伴隨生動的圖像，讓人看到未來有何不同。我們也要感謝科幻小說大師以撒・艾西莫夫（Isaac Asimov）和導演喬治・盧卡斯（George Lucas）為我們描繪未來世界。六〇年代的卡通《傑森一家》（*The Jetsons*）也讓我們看到未來時空。想像這些遙遠的未來是否能幫你為面對未來做好準備？其實沒什麼用。但想像近在眼前的未來卻大有幫助。

想像就是把當下的「現實」或「真相」擺在一邊，考慮那些並不顯而易見的替代方案和後果。未來學家靠想像來預測未來，而設計師則想像可能代表未來的情境。準備好面對未來的人會想像通往未來的路徑—— 特別是想像下一步要怎麼走。

思考你現在正在做什麼事，然後想像一個小時後、一天後或一個禮拜之後你可能在做什麼不同的事—— 這就是我所說的「拉近未來」—— 你會因此擁有影響未來的力量。這不是以結果為導向的思考，而是一段漸進的過程，要求你運用想像力來看眼前以外的事物。如此一來，你的想像力會創造有趣的機會，讓你做出有意圖但帶有風險的選擇。可以說，你必須冒險一試，才能想像接下來可能會發生什麼。

如何運用想像力拉近未來呢？舉個例子：你一直很想出版一本小說。白天你辛苦上班，晚上你夢想看到你的小說在書店展示架上熠熠生輝。在你腦海中，這本書在遙遠的未來才可能出版，因為你需要時間和資源來投入寫作。出版這本書還有其他阻礙要克服—— 找經紀人或出版商—— 你也把這些艱鉅的挑戰放在遙遠的未來。

接著，你的人生突然出現巨大轉折——工作變動、家庭危機、全球疫情爆發——生活變得一團糟。你的小說不再是一個擺在衣櫥頂層標示「未來」的空鞋盒。突然間，你能清晰的想像一個可以立即著手的行動——你現在就能做的事—— 以實現你的小說家之夢。你開始在清晨騰出時間，每天寫幾百字。幾個月後，你寫出一整個章節，你找到一位寫作夥伴給你回饋，讓你有動力持續下去。小說漸漸成形，你在網路上加入寫作群組，藉此了解出版的過程。現在，你清楚看到接下來的三、四步要怎麼走，就能把手稿交給出版商了。

你的小說出版、面世了嗎？還沒，但你已經把未來拉近。每天都跨出小小的一步，筆耕不輟，就這樣一步步達成目標。未來正在成形—— 不再是白日夢。這一路走來，你也許發現了超越出版小說的可能性，但如果你一直把未來視為遙不可及，就永遠不會遇見這些可能。

你的想像力不只是聚焦於未來，也涵蓋過去和現在。你思索種種作品——文學、藝術或建築——召喚出某一時刻的歷史。你個人的經歷、記憶、情感與你的五感（視覺、聽覺、嗅覺、味覺、觸覺）結合，滋養你對當下的感知。你把注意力轉向未來之時，你將利用這一切的資源，想像接下來會發生什麼事。

我在Google的最後一個案子叫作「重新想像專案」（Project Reimagine），這是新冠疫情爆發之初，我在整個公司組織中推行的計畫，旨在為分布於全球的十三萬五千名員工開發出下一代靈活／混合的職場模式。我在這為期六週的創新衝刺活動擔任總領導人，帶領員工重新想像未來的工作模式。我要求來自各部門的二十五位領導人描述三、五年後職場的樣貌，例如會發展成像是蜂巢或太空站。但對他們來說，關於未來的抽象思考是一大挑戰，畢竟當時所有的人都把目光放在眼前，只關心如何在家設置遠距辦公所需的設備，讓工作進度不至於中斷。

其實，早在一九九〇年代，Google已經開始建構未來的工作模式——從發展非傳統的企業總部和工作空間，到推廣有益於個人身心健康的活動，甚至顛覆上班穿著規定（Google

的規定是：「只要有穿就行。」）然而現在，疫情已經為未來的工作模式大開方便之門，Google 發現自己已然落後，沒能抓住機會塑造下一種和工作有關的新思維。在這個變化莫測的時期，我請各部門領導人想像幾年後的情況，他們的腦子一片空白。

我們之所以陷入當下，動彈不得，其中一個原因是我們認為生活的架構是固定不動的，就連語言和影像都是如此。然而，現今的詞彙通常不足以描述和實現你的未來。你的想像力可以提供新的詞彙——無論是文字、影像，或是實際的人造物品——用以描述你塑造的未來。這種持續的想像會引領你跨越現今，一步步的向前走。

例如你用「職涯」來描述一生中所經歷的教育和職場道路。因此，你的職涯＝教育＋工作。如果你今天決定採用源於個人生活經歷、或學習的文字和影像來描述職涯呢？也許你的職涯會因此像是一齣由一連串「情節」組成的場景，包括生活的諸多層面，不只是工作。或許這些情節與形狀和顏色有關，而不是按照時間順序排列。最後，「職涯選擇」這個詞對你的意義可能會就此改變，你的履歷表看起來將不再是條列式的內容，而是更能呈現「你是誰」，以及你重視的事物。

想像力是一種工具，就在你身邊、隨時可供你使用，對你每天塑造未來非常重要。試著發揮創造力——可以培養面對未來的種種特質，而展現想像力能使你得以辨識並描述未來——這兩方面的練習可以增進你的創造力和想像力，使你得到更多、更好，以及更多樣化的選擇。

在一個詭譎多變、混沌未明的世界，最大的風險就是倒退著走向未來、從過去來推斷未來、假設昨天的真理到明天也適用。同時，若你只是把目光投向遙遠的未來，就會錯過出現在眼前、閃電般轉瞬即逝的機會。

未來是你必須為自己創造的東西。你透過選擇主動形塑未來——這些選擇會在創造力和想像力的實踐中顯現，至於你會如何選擇，取決於你面對未來的心態。如果你真的了解所有可能的選擇（想想電影《駭客任務》〔*The Matrix*〕中主角尼歐〔Neo〕看到在電腦螢幕上一直流動的程式碼），你就會發現自己擁有影響未來的力量。

你可能永遠無法正確猜測未來會發生什麼事，但總可以先做好準備。下功夫培養自己面對未來的心態，就能主動選擇，而你的選擇代表你打造的未來——**屬於你的未來。**

你相信
你能塑造自己的
未來嗎？

Do you believe
you can shape your future?

試試看

Try This

伸出手指，擺成一個方形框架，透過這個框架往外看。然後將框架移向左邊，再向右邊，接著往上，然後往下。把框架拉近，再拉遠。你的「視角」是否改變了？

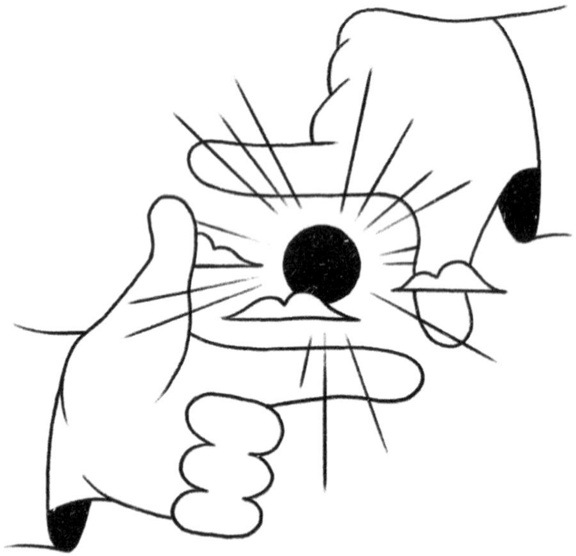

Chapter 2
激進的樂觀

激進的樂觀主義者看到的不只是「還有半杯水」。
從他們的框架來看，問題變成機會。他們會擁抱卓越結果的願景，
百分之百相信每一次的經驗都會帶來更好的東西。

看看下面幾個簡單的算式：

5+3=8　4+6=10　2+4=7　9−3=6

如果你的第一個反應是「嘿，其中有一個錯了」，你並不孤單（當然，你是對的）。我們的大腦天生就會先辨識錯誤。在人類演化的過程中，這種「負面偏誤」能幫助我們生存下來。我們學會看出壞的或錯誤的東西以避免危險。也許，就人類發展史來看，我們內建對錯誤和缺陷的趨附／嫌惡保護了我們，使我們免於滅絕。但我們也學會緊緊抓住已知，而非對未知、可能帶來危險的未來抱持開放的態度。

下面是在日常生活中可見的典型負面偏誤：你從大學時代開始一直拖著的那個行李箱終於壞了，你花了好幾個小時在網路上找尋新的。你找到一個不錯的品牌，看到喜歡的型號，價格實惠，應該可以決定買這個了……但你的眼睛依然離不開那個公司的網站，你不斷查看顧客留下的評價。儘管有幾十個人豎起大拇指點讚，你卻盯著少數人的抱怨之詞。其實，那些負評大多是商品配送問題，不是行李箱品質不好，卻給你留下深刻的印象。儘管你在網路上研究了許久，這個行李箱應該是首選，你還是決定放棄，離開下單網頁。這就是負面偏誤。

任何在紐約居住或工作的人都知道搭乘地鐵的鐵律：不要與人四目相接。正如我們遇見陌生人都會把對方當空氣，不管在街上行走或是搭機，都會約束自己，不要多管閒事，對他人的問題或痛苦視若無睹。我們預料陌生人可能為我們帶來不好的事，因此敬而遠之，儘管那個陌生人最終可能成為我們畢生的摯友、戀人，或是可能帶來改變一生的想法或訊息。

再看看這種情況：你去丹佛會見一位潛在客戶。你們坐下來共進晚餐時，聊的是飯店房間的問題；或是談到因為航班延誤，會面延後了一個小時。你們沒讚嘆餐廳窗外壯麗的洛磯山脈，甚至沒提及那聞名遐邇的菜單。我們總是會特別注意不如意的事，特別是在旅行時，我們有點迷失方向，脫離日常生活的軌道。

你可以理解負面偏誤如何控制你的日常敘事。研究顯示，至少需要三個正面的情感印象才能抵消經歷的一個負面印象。我們總是不自覺在腦中對抗負面思想，而樂觀主義者如何避免這種對抗？

樂觀主義者相信會有好的結果，也期待這樣的結果。樂觀主義者會想像好結果的可能性，並把所有的籌碼押在上面，因為他們有一種超然的自信（這個禮拜六的健行一定會很棒！誰說要下雨了？）。

相信好事會發生的信念真的能讓好事發生嗎？不能，但樂觀主義者對自己的能力有信心，相信自己能促成改變，因此更可能採取行動，實現願景。此外，樂觀主義者心態積極，因此能看到其他人看不到的好事。光是這一點——花更多的時間專注在好事而不是壞事上——就能解釋為什麼樂觀主義者往往比悲觀的人更健康、長壽，而且能在陷入逆境時展現出更大的韌力。[1]

準備好面對未來的心態需要一種更明確而有目的性的積極態度。這種世界觀就是我所說的「激進的樂觀主義」。激進的樂觀主義是一種信念，不是相信事情會由壞轉好或變得完美，而是相信事情會**變得更好**。

我在創新領域的工作讓我能用大量時間致力於研究如何變得更好。我看過非凡的突破，那是源於堅信某一個東西必然能變得更好的信念——如更好的技術、更好的產品、更好的服務、更好的流程或操作方式，甚至是更好的人。抱持這種信念的人也許不能確切知道「更好」會是什麼樣子，但他們相信，經過一段時間，努力不懈終將達成自己想要的結果。

創新者知道，「更好」是持續、不斷迭代的結果。他們一再調整、測試，以改進眼前的東西。一流創新者不會想要一步登天——他們會一步一腳印尋求小小的改善，就這樣不斷提升、更上層樓。

追求更好是為了進步，而不是達到完美。完美非常罕見——畢竟，史上最偉大、超凡入聖的頂尖高手就那麼幾個。但是，如果你朝向「更好」前進，每天都會充滿無數、立即可以把握的成功機會。激進樂觀者會緊抓這些機會，日日精進。

Google Glass 是我參與過最令人興奮的專案之一。這是由 Google「登月計畫」X 實驗室開發的。這款智慧型眼鏡，從構想到原型再到產品，歷經數千次迭代。在每一次迭代開發的衝刺過程中，團隊蒐集大量訊息，每週依據科技、社會和設計這三個類別記錄下來。我們測試過很多點子，觀察如何跟這種裝置互動。例如在電影《關鍵報告》（*Minority Report*）裡，湯姆．克魯斯（Tom Cruise）戴著手套、瘋狂的用手勢隔空操作的那種超酷多點觸控介面——事實證明，這樣手臂很快就會痠到舉不起來。我們也把一個構想簡單的做了一個原型，用以記錄使用者一天的對話，但我們發現使用者根本對那些瑣碎無比的對話興趣缺缺。

每天——甚至每一個小時——我們嘗試愈多，累積起來的進步就愈多。

後來，我們的「探索者計畫」邀請八千位測試者試用這款智慧型眼鏡的初始版本，使用者的回饋推翻了開發者的許多假設。儘管這款眼鏡最終並沒有成為許多人期待的新一代明星產品，研發這款眼鏡的技術依然為多個領域的重要進展做出貢獻——包括醫療保健、新聞、旅宿業、緊急服務等。不管這個產品最後會怎麼樣，我知道的每一個參與者每天都信心滿滿，認為自己能讓所有的事都變得更好。這次經驗以令人驚異的方式讓我看到激進的樂觀如何聚焦於精益求精、推動進步。

不過，我注意到一件奇怪的事。儘管人類傾向於追求卓越，想要登峰造極，同時也容易妥協，能接受「馬馬虎虎」或「差不多」的事，如此一來非但不會進步，最後還會倒退。

以汽油為例。幾十年來，我們依賴化石燃料，也願意為這種燃料付出代價（以花費的金錢及生態環境而論）。直到最近，才有人開始思索，關於能源，是否有改進的做法。隨著疫情肆虐全球、經濟波動、石油產區的戰爭及其他因素，突然間我們每次加滿油箱，要比歷史上任何時候付出更大的代價——為了因應目前的需求，環境成本已高到我們無法不正視的地步。幾十年來，若我們能未雨綢繆，漸漸改變，就不會面臨如今的窘況。

激進的樂觀主義者不會把改進推到遙遠的未來，他們相信下一刻就能做得更好。我們了解，現在就能決定變得更好，然後努力去做。這能馬上獲得成就感，也有繼續前進的動機——一次又一次決定變得更好，直到這種追求進步的動力成為我們的一部分。我們成為能看見未來的人，這個未來是我們為自己創造的美好之地。

成為激進的樂觀主義者能使你的期望扎根於現實，且讓你的期望升級。你是一個頭腦清楚的現實主義者——你能看到眼前有一座山，但你確信在那座山的另一頭有更好的東西。無論如何，你都會找到通往未知潛能之路。

如何擦亮內心的透鏡，更清楚的看到潛能？如何把挑戰轉化為通往未來的機會？有兩個重要方法可以幫助你培養激進的樂觀主義：一是說「好」，另一是建立不同的參考框架。

當你說「好」

你在主持會議，有人提出一個新的想法，聽起來偏離主題、不切實際。你的第一個反應是結束這個話題，把討論拉回當前的議題。你的工作是確保團隊完成分配的任務，不是嗎？如果你否決了那個想法，很可能沒有人會反對，甚至不會注意到，因為他們已習慣被限制在框框裡了（會議也可能準時結束）。然而，如果你說「好」，會發生什麼事？

首先，想想如果你說「好」，**你會如何？**「好」脫口而出之後，你的大腦會脫離自動駕駛模式，使你立刻投入其中。你不再單純的主持會議，而會參與接下來發生的一切。你會更積極的傾聽和思考，思索那個新想法可能帶來什麼好處。

其他與會者會怎樣？你切換了開關，群體動態明顯出現變化。他們眼睛發亮，肢體語言也跟著改變。只因為你說了「好」，他們突然和你一樣投入。他們比較能夠看到可能性，並以有創意的方式討論如何處理障礙。團隊充滿活力，因為看到一個想法開始成形而興奮不已。

誰知道這一切會帶來什麼？在你說「好」，最重要的結果是點燃當下的潛能，看到不在計畫當中或意料之外的事。這種經驗會悄悄的改變每一個與會者，讓他們思考可能發生的事。因為你說「好」，與會者皆受到鼓勵，可能在未來的會議上提出精彩的新想法，或是讓人用不同的方式處理私人的問題，也可能讓你重新思考會議的運作方式。請參考曾在Google任職的德國奧美（Ogilvy Germany）策略長伊莎貝爾·史聶比格如何把「好」融入她的工作中。

Meet
the Future
Readies

你的未來嚮導

伊莎貝爾・史聶比格

擁抱不確定性

早年經歷的創傷讓我明白，不管發生什麼事，我幾乎都能活下來。我獲得的韌力塑造了我的人生哲學，讓我願意置身於稍稍不舒服或恐懼的境地。因為我知道，我能安然度過，我會驅策自己，迎頭面對各種挑戰。這些考驗為我帶來個人成長以及原本無法遇到的機會。

我內心有一種對一切說「好」的傾向，這改變了我在訓練和工作坊與團隊的互動。特別是當我的理性告訴我「那個想法不行」時，我會把這樣的評判拋開，說道「好的……」來激發自己和團隊的創造力。這往往有助於打破組織中對一個人角色的期望——你知道，只有在特定職位上的人才能提出想法。

即使是在奧美這樣的創意機構，這種情況發生時，你能在與會者的臉上看到一點恐懼……如果提出最好的點子或解決方案的人是實習生，或來自財務部，自己在公司的地位豈不是岌岌可危？他們可能還會擔心這會違反既定的構思或解決問題的流程。因此，他們一開始會覺得不舒服，但他們也反覆體悟到非常重要的一點：團隊因為接受所有的想法——不管是誰想出來的——而有更好的結果。從商業的角度來看，這個過程成功的在策略和創意部門之間搭起橋梁。

歸根結柢，這只是促進思想的多樣性，是基本的最佳實踐，不是嗎？就我個人而言，我最好的想法來自與不同領域的人交談。跟與我完全不同的人談話，讓我感到興奮、受到啟發。我總是能從他們身上學到東西，能從他們獨特的視角受益。他們的視角幫助我從另一個角度重新審視當時正在思考的事。

在有新的體驗之前，我確信我必然能從中獲得什麼。這不是說我認為事情會像變魔術一樣被解決。好吧，也許其中確實有一點魔力，但也需要付出很大的努力。我相信激進的樂觀主義就是與他人分享這樣的信念，帶領他們前進，走向更美好的未來。

只要你說「好」，就會開始打破限制你思想和行為的負面偏誤。一旦你說「好」，沒說不，也不是什麼都沒說，就會激發種種可能令人興奮的變數。如果說「不」是你的母語，你要如何成為一個說「好」的人？

我在職業生涯之初，在日本待了很長一段時間。我觀察到，我在那裡結識的日本朋友都有一種奇妙的行為。當我提出一個問題或是邀請時，儘管真正要表達的意思是否定的，他們的反應總是「はい」(好的)。譬如我邀請一個朋友這個禮拜六晚上來我家吃飯，他們會說這樣的話：「好啊，我很期待去你家吃飯！改下禮拜六如何？」明白這個訣竅了嗎？他們沒說「不行」，因此我不會有被拒絕或失望的感覺，下禮拜六相聚皆大歡喜。

下次，你想對某人說「不」的時候，放慢對話速度，直到想出如何把回覆從否定改為肯定。例如，你正趕著去開會，已經快遲到了，碰巧遇到一個好久不見的同事，他說要請你喝杯咖啡聊一下。你本來想說，「不行，我要開會，快遲到了。」但你可以想辦法把拒絕變成真誠的回應。觀察自己這麼做的時候，對方會有什麼反應。你會發現他們覺得自己受到重視和尊重。同時，你也要注意自己的變化。如果不必穿上否定的盔甲，會覺得更輕鬆、自在。只是多用心一點，你和對方都會心滿意足——儘管當下的結果跟你說「不」是完全一樣的。

Google 健康暨績效部門主任程紐頓（Newton Cheng）常提出這麼一個問題：「必須具備哪些條件？」他以這個場景為例：假設我們必須在明年建造一千個健身中心。我團隊裡大多數的人都說，這是不可能的。他們這麼說是有道理的。但我會問：「要建造一千個健身中心，必須具備哪些條件？」我們就能擺脫成見，躍入一個本質樂觀的思想練習，找到前進的道路。

在大多數的情況下，我們說「不」是出自某種恐懼。我們從小就開始學習社會化，用「不」來保護自己。下次，在你像以往想要說「不」的時候，試著問問自己：如果說「不」，可能會因為錯過什麼而後悔？例如，有人邀請你參加一個為專業人士舉辦的社交活動。你有點討厭這樣的活動，總是刻意避免。辛苦工作了一天，你還會想花兩個小時聊更多和工作相關的事嗎？為了保護自己，避免無聊、疲累以及和陌生人握手，你決定拒絕邀請。但如果你未來的商業夥伴就在那裡呢？如果你沒去，或許永遠聽不到在你旁邊倒咖啡的人提到可能改變你一生的書，你也無法遇見那兩個跟你一樣熱愛精釀啤酒的人。

改變你的思維模式

Change Your Mindstate

事前分析

你也許參加過一個專案的事後檢討會議。你和同事在會中評估哪些地方出了問題。事前分析則是想像可能會出現哪些問題，以採行可能的策略來補救。你也可以用事前分析的方式來思考「如果不採取行動會發生什麼事」。

在你對任何邀請說「不」之前，問自己以下問題：

如果我不參加這個活動，可能會後悔錯過什麼？

想像有人在事後向你描述這個活動。寫下清單，列出你參加這個活動，可能會喜歡或受益的事或對話。

如果我沒參加，可能不會發生什麼？

列出所有因為你不在場而不會發生的事或對話。

從現在起，三十天或九十天後，

可能發生哪些事讓你後悔當初沒參加這個活動？

想像未來可能受到的影響，列出因為你沒參加這個活動而錯失的機會。

這個實驗不是要引發你的錯失恐懼症（FOMO, Fear of Missing Out），只是讓你深入思考：當你決定說「不」，會發生什麼事？

你也必須學習對自己說「好」。這是最簡單也最有力的自我對話。每天在浴室鏡子前大聲說出來。你在私下對自己說「好」的次數愈多，就愈容易在公開場合開口說出來。

最後，尋找對別人說「好」的機會。想想，你總是會對什麼人說「不」？推銷員？邀請你一起吃午餐的同事？請你一起打掃街道的鄰居？下次，你改說「好」，並注意自己有什麼感覺。由於你不再需要藉由說「不」來控制結果，你會立即感受到如釋重負。你的身體不再緊繃，變得輕鬆，準備要做點事。你變得更加專注，感官也更敏銳。多做幾次這樣的練習，你會發現自己能用更靈活、更有創造力的方式來看待別人提出的想法。

坦白說，如果你答應了，會耗費時間和資源。我保證前幾頁提到的那個會議已完全被說「好」的新想法取代了。這意謂你本來打算要做的其他事都只好暫時算了。

因此，有時候把「好」視為肯定而非同意，可能會有幫助。這就像社群媒體上的「讚」或「喜歡」。「我聽到你說的事情了，感謝你說出來。」「我知道你有你的觀點，雖然我可能不會完全認同，但我可以接受。」

我還要指出，你必須習慣，接受說「好」帶來的結果。有時你說「好」，事情可能出錯，甚至變得一團糟。但你知道自己不必控制事情的走向，學會接受不完美的結果——就像日本修復器皿的金繼工藝——化殘缺為美。

每次你說「好」，就像打開盲盒。盒子裡的東西可能是蛇、地瓜派，或是一罐橡皮筋，經過一段時間，不管裡面的東西是什麼，都不要緊，因為你心裡已經準備好了：「來吧，不管是什麼。」比方說，你去機場，預定搭乘前往紐約的航班，說「好」可能最終把你帶到新加坡。繫好安全帶吧！

好，但是……？

在此，我要特別指出，說「好」不是改變世界的魔杖。確切的說，通常我們說「好」就像準備打開一扇門，但隨後又說「但是」，這個「但是」就像砰的把門關上。「好，但是……」跟說「不」是一樣的，都意指某一件事是不可能的，這兩種說法都會阻撓你思索自己與未來的關係。

請回想最近一次在一個句子裡說「但是」的狀況。現在把那個句子寫下來。也許你心想，**我想把這個句子寫下來，但是我手邊沒有紙筆**。瞧，你被選擇絆住了，只剩一個不做某一件事的藉口。

現在，我們把這個句子改一下，用「再說」來取代「但是」：**我想寫下來，再說我手邊沒有紙筆**。你看到機會了嗎？把「但是」改為「再說」指引你下一步該做什麼。再來看看下面幾個例子。

✓我希望自己的身心變得更健康，**但是**我沒有太多時間。

✓我希望自己的身心變得更健康，**再說**我沒有太多時間。

✓我想多花點時間跟親友相處，**但是**工作一直妨礙我。

✓我想多花點時間跟親友相處，**再說**工作一直妨礙我。

「但是」就像交通號誌中的停止標誌，不允許你繼續前進。「再說」則消除藉口，讓你把注意力放在你可以做或應該做的事情上。下次你要說「但是」的時候注意一下，試著改為「再說」，看看你如何給自己找藉口。

現在說「是的，而且……」

只要說「好」或「是的」，就能立即消除你和他人之間的阻礙——這件事本身就是一個非凡的結果。說「是的，而且……」則能讓每一個人的大腦動起來，推動事情的進展。

「是的，而且……」源於即興劇場[2]的一種練習，一個人先說一件事（記得我們去墨西哥的時候），下一個人在這個人的陳述上繼續發展（是的，而且每個下午都有大雷雨），另一個人接著說（是的，而且太陽總是會即時露臉，讓我們歡度快樂時光），就像接龍，由最初的陳述開始逐漸建構出一個充滿細節的世界。

我最初在 Google 工作時，負責教授建構想法的藝術。我創立名叫「即興創新」的全日工作坊，培訓數千名遍布於全球的員工，使他們得以跳脫成見，共同激盪腦力，孕育新的想法。我教他們說「是的，而且……」學習從任何一個想法出發，看看能發展到什麼地步。這個練習立即創造了讓想法發展的空間和機會。

練習說「是的，而且……」總是使參加培訓的人員——不管是小團隊、大群體、專案經理人、工程師或設計師——來到一個他們意想不到的地方。我通常會用這個問題開始訓練：「**想想你們團隊下一次的外地會議。**」第一輪，我會要求某一個人提出一個想法，然後請其他人提出「好理由」，說明為什麼這麼做不好。曾有人說：「在郵輪上舉行外地會議。」郵輪人很多，擁擠、嘈雜。郵輪上種種吃喝玩樂會讓人分心。此外，郵輪會為生態環境帶來不好的影響。

接下來，我要求每一個人轉變立場，用「是的，而且……」來支持這個在郵輪舉行外地會議的想法。

「是的，而且我們可以邀請家人和朋友參加。」

「是的，而且我們可以讓家人和朋友參加我們的活動。」

「是的，而且可以在活動當中加入一些需要團隊發揮創造力解決的問題。」

「是的，而且我們可以把挑戰的焦點放在如何降低郵輪對環境造成的負擔。」

我們都擅長列出否定的理由。下次如果有人開始列舉為什麼某個想法行不通，就請他們說出一個（或多個）為什麼這個想法可行的理由。這個特別的練習給我靈感，我後來甚至在船上教授一門叫做「創業家精神」的課程。

在訓練的過程中，學員逐漸了解他們共同創造出一個前所未有、具體、可行的想法，因而驚奇的睜大眼睛。他們後來寫信告訴我，這次的經驗讓他們興奮不已，甚至改變了他們。他們描述如何把「是的，而且……」帶到工作中，改變了自己與同事的合作和互動方式。最棒的是，他們提到各種源於「是的，而且……」的新想法，以及讓他人也懂得利用「是的，而且……」並從中獲得成就感。

「是的，而且……」是一種激進樂觀的回應，因為這種說法不只鼓勵瘋狂的想法，甚至會拿起鐵槌，幫忙建造出來。

Google 街景地圖的點子始於二〇〇一年。當時，幾位研究人員在史丹佛大學一個實驗室思考如何將動態影片轉換為靜態圖片。賴利．佩吉（Larry Page，Google 共同創辦人）一直在想，是否能用攝影的方式繪製整個地球的地圖（是的，而且⋯⋯）。他對這個概念和攝影機原型很感興趣，因此把攝影機架在自己的車上，在舊金山街道上一邊行駛一邊捕捉街景。

不久後，幾個得知這個想法的 Google 員工自願利用自己二〇 % 的時間幫忙拍攝街景（Google 公司為了鼓勵創新，允許每位員工每週利用一天的時間做跟原來工作無關的案子）。他們想知道，是否能透過增添空間識別組件來擴展這項技術，（是的，而且⋯⋯），攝影的立體效果和數據蒐集能力吸引更多 Google 員工參與，並激發他們的創意（是的，而且⋯⋯）。到了二〇〇五年底，Google 街景正式成為專案，獲得高層批准，看能發展到什麼地步。

數百個「是的，而且⋯⋯」推動了技術及相關應用的發展，Google 街景對 Google 地圖、Google 地球和 Google 藝術與文化等多項具有開創性的計畫做出貢獻。你坐在家裡的沙發上，就可以觀覽全球偉大的博物館或世界遺產，探索海底世界，也可看到家鄉街道的衛星圖像。賴利・佩吉完成他的世界地圖了嗎？還沒，但數千名志願者把攝影機架在背包上，深入街景車無法到達的蠻荒之地，在地球上最偏遠的地區拍攝。世界之巔實在是很酷的終點。[3]

「是的，而且……」立即創造一種具有生產力和建設性的動態——就像一大桶樂高積木，可用來建構想法，也可運用在各種狀況當中。物流出現問題？「是的，而且……」可能暴露供應方面確實有問題。你左右為難，不知怎麼決定嗎？「是的，而且……」也許能引導你找到更好的選擇。想在餐桌上解決爭端？「是的，而且……」可以把爭吵轉化為意想不到的理解。如果利用「是的，而且……」來建構解決方案，就能遇見發現和機會，而且總是能找到更好的問題。

「是的，而且……」可使你放下自我。在個人和職涯生活中，很多人都想要握有控制權，經常會對別人的看法說「不」，以強調自己的觀點。說「是的，而且……」把你的大腦和自我拉開一點距離，以客觀、公正的態度聆聽別人的想法。「是的，而且……」能使你擺脫自我觀點的束縛。與其堅持己見，不如用「是的，而且……」開啟心扉，就可從別人那裡聽到自己意想不到的點子。

改變你的思維模式
Change Your Mindstate

設計機器人

有些事情很難與人密切合作——例如搬家具和公路旅行。下面這個簡單的練習顯示，如果你採用「是的，而且……」和別人一起設計機器人，結果會如何？

找一個合作夥伴，你們兩人面前各有一張紙，但必須共用一支筆。第一輪，第一個人在紙上畫一條線，開始設計機器人，然後把筆交給第二個人。第二個人在紙上畫一條線，開始設計機器人，再把筆還給第一個人。第一個人在設計圖上加上一條線，然後把筆交給第二個人，讓他繼續畫。就這樣來來回回，過了十五分鐘，兩個人的紙上應該都看得到某種機器人設計。

比較這兩個機器人設計圖，選出喜歡的，丟棄另一個。在一張紙背面空白處，再來畫機器人。這次不只共用一支筆，也用同一張紙畫，你一筆我一劃，一起設計機器人。兩人輪流畫，十五分鐘後，停下來，比較自己畫的和兩人一起畫的機器人。你比較喜歡哪一個？很可能是你們一起畫的那個。為什麼？因為你接受別人的想法，而且以這個想法為基礎繼續發展（是的，而且……）就能創造出更好的東西。這是雙方共同努力的成果。

在組織內部，「是的，而且……」能激發慷慨、自信的文化，創造一個讓創意茁壯成長的環境，因為組織裡的人能感受到支持，相信自己的貢獻獲得重視。在史丹佛設計學院的課堂上，我們堅守的一項原則就是「讓別人發光」。你在個人生活或工作場合與人互動時，說「是的，而且……」能讓你覺得更輕鬆，更不怕犯錯，也更能與人合作無間。最終，「是的，而且……」讓你得以探索種種現在還看不到的可能性——換言之，這是引領你走向未來的關鍵字。

重新建立框架

說「是的，而且……」能讓你的大腦更靈活敏捷，看見更好的可能。發展激進樂觀主義的第二種方法則是重新建立框架，幫助你發現全新的視角。

通常，我們用來審視人生事件的框架是基於自己的信念、偏見和經驗。我們天生好奇，渴望理解這個世界，而框架讓我們實現這一點。這個框架在我們生命早期就開始發展，雖然後來遭遇的事件會改變這個框架，但在我們做出一些重大決定時，如人際關係、職業生涯、定居地點、如何利用時間等，這個框架幾乎已經定型。這個框架不只會左右人生的重大決定，也會影響日常生活中無數的小決定，甚至包括我們穿什麼、吃什麼，或下一步該怎麼走。

話說有一次，我和三個朋友在加州內華達山脈高海拔區進行為期六天的登山健行。我們在海拔一萬一千英尺或更高的地方行走，每天行走的距離約半馬（二十一公里，為了使你了解接下來的故事，我也許必須先說我有懼高症）。第二天，我們穿越金斯－克恩分水嶺（Kings-Kern Divide）露西山腳隘口。此處非常陡峭，屬於二級隘口，不需繩索輔助，只需基本的攀爬技巧，但也有幾小段屬於三級和四級隘口，因為有鬆散碎石，走起來比較危險。我們爬上頂端，才發現自己脫離正規步道，走上一條未經開發的路徑，來到五百英尺高的懸崖邊，幾乎無路可走。

一個朋友知道我怕高，要我眼睛盯著手要抓或是腳要踩的每一塊石頭。我就這樣一手抓、一腳踩、一手抓、一腳踩，通過了隘口。我所有的心念都集中在當下的那一瞬間——專注在身體的動作和當時的感覺——因而得以忘記恐懼，一步一步往前。有時只是向前跨出一步，就能逐步前進到一個可以調整視角、獲得更多訊息的地方。

完成這次的壯舉時，我精疲力竭，但心中充滿感激，特別是放眼望去，得以欣賞這壯闊雄偉的山脈。這是經歷數百萬年鍛造的絕景，而我的存在只是極短暫的一瞬。每天，我都一步步的攀爬，如履薄冰般走向我正在創造的未來。

重新建立框架不是要改變你是誰，而是改變你看到的東西（焦點）以及你如何察覺自己看到的東西（障礙？機會？）。事物本身沒有改變。你透過轉變視角來改變自己與事物之間的關係。

從你注視的東西開始。你的焦點太狹窄或太近，都會產生盲點。我看不到的東西不會傷害到我吧？也許，但是你看不到的東西也可能帶來極大的益處，你卻渾然不知那個東西**就在那裡**。改變視角——把鏡頭拉遠——你將會看到事情的不同面向。你因此可以縱觀全局，了解你注視之物與整個系統的關係，最終將使你根據更深的了解而做出更好的決定。

沒有什麼能夠比查爾斯與蕾．伊姆斯（Charles and Ray Eames）這對偉大的設計師夫妻檔在一九六〇年代拍攝的科普影片《十的冪次》（*Powers of Ten*）更能讓你明白如何拉遠視角（以及為什麼要這樣做）。[4] 在這段約九分鐘的影片中，你會先看到一對在公園野餐的情侶，然後每十秒就把視角拉遠十倍，直到你從一億光年外看地球；接著快速拉近視角，直到你看到野餐者的皮膚細胞。這個小小的視覺冒險顯示視角就是一切，更重要的是，視角完全在你的掌握之中。

舉個例子，工作的事一直困擾著你。你的團隊在執行一個專案時碰到麻煩。你跟團隊的每一個人談過，發現他們都已好好履行自己的角色。你決定再次查看這個專案。專案本身似乎沒什麼問題，但團隊確實被絆住了。你稍稍拉遠視角，想要了解這個專案是否和團隊預定提供的服務及成果相符。你再拉遠一點，看這個專案是否符合整體商業策略。這個視角中的某個東西引起你的注意，你把視角拉近，看這個專案的要求，這才發現專案的問題陳述需要修正。換句話說，你的團隊一直在用正確的工具來解決錯誤的問題。

視角的拉遠和拉近實際上能讓你晚上睡得更好。這可不是開玩笑。下次，你躺在床上，為某個私人問題苦惱——例如你跟一個好友鬧僵了——不妨拉遠視角來看。此刻，你也許一直在想最後一次爭吵的事。如果你拉遠視角來看這段歷時多年的友誼，過去友人如何在你最需要的時候支持你、用幽默來化解你的壓力，也想想你的鼓勵如何幫助這個友人。再把視角拉得更遠，提醒自己，在你們成為朋友之前，各自的生活是什麼樣子。接著，你把視角拉近，也許就會了解，你們倆都在成長，只是設法表達不同的需求。因此，這個讓你輾轉難眠的問題根本不是問題，甚至是一件好事，讓你更加了解你與友人之間的關係。

即使情況不利，如果能從好的方面來看，就能看出問題蘊含的可能性。重新建立框架並非否認負面事件，而是認知事情的結果和經驗不是只有不好的一面。如果能用正面、積極的角度重新建立框架，就能從困難的經驗看到更好的一面。

重新建立框架可讓你在任何問題當中看到各種可能性和機會。你可以這麼做：拿一張紙，在中間畫一條垂直線。在左側寫上「問題」，列出你目前面臨的所有問題——不管是大問題或小問題。每一個問題都用陳述句來表達。在右側寫上「可能性」，對於你列出的每一個問題，將之翻轉、傾斜，側著看或顛倒來看，直到你看到更好的機會。每一個可能性都用問句來呈現。

問題	可能性
在家上班快把我搞瘋了。	我要怎麼做才能在任何地方工作，同時感到更平靜、更有生產力，也更能發揮創意？
我住的地方嚴重乾旱，極端溫度事件頻傳，還缺水。	為了減少氣候危機的影響，我該選擇哪些生活方式？
客戶不再上門。	如何在客戶所在的地方為他們提供服務？
家中氣氛不佳。	我可以在哪裡找到我需要的情感交流和社群互動？

多做這種重新建立框架的練習，你會了解幾件事。首先，你會意識到問題對你有多大的影響。其次，你發覺自己幾乎沒花費多少心思去改善生活。最後，你發現與問題相關的可能性能點燃樂觀和創造力。

有時，重新建立框架只是把一個問題變成更好的問題。我稱之為「爬對的山」。我曾在通力公司（Kone）擔任創新顧問。通力是世界最大的電梯和電扶梯製造商（也許你沒聽過這家公司，但可能搭過他們製造的電梯）。我曾與該公司在美國、芬蘭、義大利、墨西哥、中國和印度的團隊合作，教他們採用以使用者為中心的原型驅動流程來解決複雜的問題。

我們從電梯業界的一個老問題開始：使用者覺得電梯的速度太慢。我問團隊，如果要解決這個問題，他們通常會採取哪些做法。他們說，可以安裝新的升降機具、更換馬達或是調整電梯調度的演算法以減少使用者等待的時間。接著，我請他們用新的框架來看問題，把焦點放在真正讓使用者困擾的地方：等電梯的時候無聊透頂，讓人煩躁。現在，他們可以用各種有創意的方式來思考這個問題——在電梯裡加裝鏡子、放音樂或是播放影片，甚至可以提供免費的手部消毒液——不只殺菌，也可以殺時間。

每次他們把問題重新建立框架，都發現有機會做得更好、更特別。大家突然有了靈感，就像燈泡亮了起來——然而，多年來他們未曾用創意來思考問題。我們用新的框架看種種挑戰，包括管理進出大樓的十萬多人次，減少掉進電梯井道的風險，以及確保電梯搭乘者的人身安全。如此腦力激盪讓他們獲益良多，通力公司因而設立一個創新實驗室，鼓勵員工提出新點子，擴大創新的規模，讓分布於世界各地的更多人及團隊受惠。

通常，問題愈大，經過重新建立框架，就可能帶來更大的機會，變成一個更好的問題。你在思考解決方案時，可以把挑戰置入「我們要如何……」的問題當中。例如，每次我開車帶孩子去吃冰淇淋，他們總是吃得滿身，後座也滴得到處都是。這是一個教人頭大的問題！

✓**我們要如何做出一種新型的冰淇淋甜筒，讓冰淇淋不會滴下來？**在問題中加上解決方案（新型的冰淇淋甜筒）會限制思考的範圍，你可能會錯失解決問題的各種方法，甚至會因此誤判問題。

✓**我們要如何為所有的人重新設計甜點？**這個問題過於廣泛，也不是需要解決的問題。

✓我們如何重新設計冰淇淋的食用經驗，讓年紀小的孩子可以自己拿著吃，且過程一樣有趣，還不會弄髒衣物？

這個問題有明確的對象（在汽車後座吃冰淇淋、滴得到處都是的孩子），也能想辦法解決。

一旦你問自己，為什麼要解決這個問題，就會得到一個更好的問題，因為你會重新建立框架，讓問題變得更有意義也更實際。你問自己如何解決問題時，也能將問題重新建立框架，變得更具體、更可以採取行動，也更能實現。

另一種重新建立框架的方法是避免過度在意某些情況。我一直提醒自己，沒有什麼事情是永恆不變的，因此不管發生什麼事，都別陷入無可自拔的地步。任何事都可能會變，會變得完全不同，甚至可能會直接消失。

談到為了未來做準備時，我常會請人描述或畫出自己想像的未來。這時，我通常會感覺到他們的不安——我是否真的要他們畫無人機或空中汽車等未來世界的東西？還是我在隱喻明天可能發生的事？他們似乎真的想要知道「正確答案」。

最後，我要他們把自己寫的或畫的東西揉成一團，扔在地上。很多人不想這麼做。重點是什麼？執著是創新的敵人。你必須放下「正確答案」，改變你和答案本身的關係。儘管那只是花幾分鐘寫的或畫的東西，你卻捨不得——因為每一個人都喜歡自己的想法，準備好好為它辯護，而且自己也想不出別的點子了。

要獲得更好的想法，你得從目前的想法解脫出來。冥想是很有效的一種做法，觀察你自己的思維和感受，然後輕輕的把這些擺在一邊，騰出空間容納新的想法和感覺。在情況特別不妙、危機重重之時，這種客觀就是激進的樂觀主義者的祕密武器——知道事情會有轉變，而且馬上就會變得更好。

曾在 Google 創意和溝通策略部門服務的凱樂．萊恩深諳放手的藝術，因此得以抓住下一個機會。

Meet
the Future
Readies

你的未來嚮導

凱樂・萊恩

為魔法架設舞台

我身上流著愛爾蘭人和瑞典人的血，在愛爾蘭長大成人。我父母最重視創造力的表現。成年後，我在紐約生活了七年，全心全意投入創作的藝術世界。我彈奏樂器、寫詩，經常在觀眾面前表演。之後，我搬回愛爾蘭，內心充滿想要創作的悸動。我想：「我得做一些表演。」我很失望，因為找不到類似於我在紐約表現的東西，接著我想，我該做自己想要做的表演。於是，我挑了個主題，邀請來自不同領域的藝術家共聚一堂。結果，這樣的演出我接連做了十年，節目名稱就叫「黑麵包混音帶」(Brown Bread Mixtape)。

我永遠忘不了這一刻：在第二次或第三次的演出，我帶領觀眾合唱——我想那首歌是〈我的血為了愛爾蘭沸騰〉。[5] 現場氣氛熱烈，彷彿電流在劈啪作響。雖然只是一群人跟著我瘋狂高歌，但在那一刻每一個人都喜形於色，我感覺到一種完美的成就感。我們都渴望同樣的東西，也就是創作心靈的共鳴。那就是一切。

後來，我在科技業工作了很長一段時間，先在 Google，後來去了 Meta。我開玩笑說，在大企業工作的我是布魯斯·韋恩 (Brnce Wayne)，而熱愛創作的我是蝙蝠俠。對一個不創作就活不下去的人來說，要在工作的自我與創作的自我之間劃定一條清楚的界線是不對的，甚至是不健康的。有一天，我問我自己：「如果蝙蝠俠來上班呢？」我不假思索的說：「好啊！」

接下來要怎麼做？

從那時起，我用完全不同的眼光來看我的工作。我問：怎麼用有創意的方式來看這件事？如何用創意來了解？有什麼具有創意的表達方式？以前我總是按照預期的方式來解決問題，現在我可以在眼前的每一項任務或專案看到發揮創意的機會。你想用音樂劇的方式來做簡報？哇，好啊，這一定要試試。如果失敗了，最糟的情況會是什麼？沒成功，但我們今天學到昨天不知道的東西。我無條件支持這麼做。

改變看事情的框架——這徹底改變了我的生涯軌跡。我在 Google 工作的時候，開發了一種非常特別的內部組織溝通方法。這種方法利用多種媒體，視覺效果強烈。事實證明，蝙蝠俠正是這個企業運作需要的。

無論你如何嘗試顛覆常規或打破平衡，總會發現自己不時回到傳統的道路上，而這麼做的時候，你能發覺自己正在規避風險。為了克服這一點，我對自己說：不冒險反而會讓你陷入險境。我的激進樂觀源於一種信念——儘管我不知道最後會如何，但我相信一切都會迎刃而解。我既興奮又害怕，但我知道自己正走向一個新的地方。你必須相信魔法就在你的前方，準備好好運用吧。

二〇一六年，我與聯合國合作，幫助這個全球機構培養創新文化。四年間，我在義大利杜林、瑞士日內瓦和西班牙馬德里，為工作人員、管理者和高階主管進行培訓，培養一群大使來加速創新。我在聯合國教科文組織（United Nations Educational, Scientific and Cultural Organization, UNESCO）、世界衛生組織（World Health Organization, WHO）、國際貨幣基金組織（International Monetary Fund, IMF）、世界智慧財產權組織（World Intellectual Property Organization, WIPO）、聯合國人道事務協調廳（United Nations Office for the Coordination of Humanitarian Affairs, OCHA）等地遇見的人，都把聯合國描述為一個緩慢、階級嚴明、抗拒變革的機構——這些都是事實，也是藉口。聯合國的使命就在為重大問題尋找解決方案，然而為了規避這麼做的風險和實驗，就把矛頭指向聯合國本身的弊病。

看出這個癥結之後，我設法幫助他們擺脫這些藉口，讓組織能源源不斷的產生令人興奮的想法。我們開始合作時，土壤硬得像石頭，得努力鑿耙才能使之鬆動，變成更有利於創新的環境。多年來組織一成不變，因此他們認為，沒有人比他們更了解要處理的問題。然而，接觸到重新建立框架的概念之後，他們突然醒悟，發現自己做得不夠，沒能了解服務對象的需求。聯合國承認他們錯過塑造未來的機會，沒能有所作為。這需要勇氣。與他們合作期間，我看到令人興奮的成長和學習，他們的激進樂觀也打動了我——他們看到世界的真實面貌，也看到了一個可以變得更好的世界。

激進樂觀的核心就是精進，相信可以變得更好。透過靈感的汲取，想法的重組，進一步發展創意。激進樂觀也是通往機遇之路的嚮導。沒有這種樂觀，你能找到未來嗎？當然可以，如果你不介意在黑暗中摸索、跌跌撞撞、雙手亂抓、衝動反應。

激進樂觀是一道光，讓你看到你的未來，及其代表的潛力。

機會俯拾皆是，
你看到了嗎？

Do you see the opportunity
all around you?

試試看

Try This

你從超市回到家，發現有一袋是別人的東西。請見下方，思考四種可能發生的情況，看不同的選擇會把你帶到何方？

你馬上開車回超市，歸還那袋東西，但是東西的主人不在那裡。

你打電話給超市，客服人員說東西你留著就好了，不必歸還。你把袋子裡的東西拿出來，發現有一盒巧克力蛋糕烘焙粉和生日蠟燭。

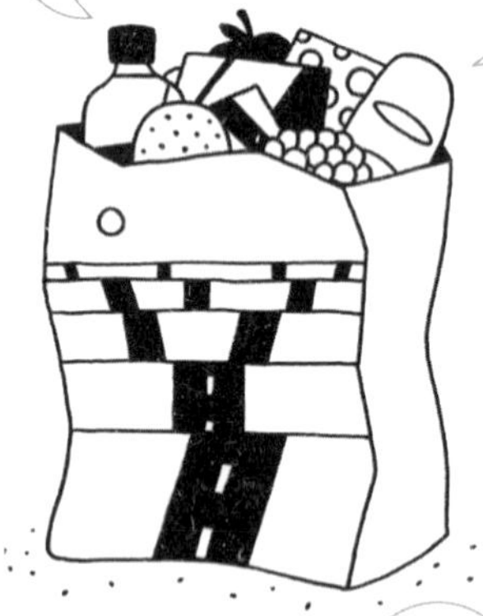

你打電話給超市，客服人員說，那一袋東西的主人在超市對面的咖啡館。

你馬上開車回超市，要歸還那袋東西。不料在停車場發生輕微的擦撞車禍。

Chapter 3

毫無保留的開放

毫無保留的開放是像自由落體般投入他人的懷抱，
不是因為你相信他們會接住你，
而是你相信，無論他們是否接住你，你都能從中受益。
為了擴展自己的視野，你勇敢的接受了眼前的挑戰。

高中畢業後，我在德國公家機構服務了一年。這份工作主要是照顧阿茲海默症病人以及為老年人送餐。一年期滿，我決定踏出下一步。由於我對當廚師很有興趣，但不敢踏出舒適圈，因此在住家附近的餐廳找工作；我想，這樣就不用離開家以及熟悉的社區。結果，沒有餐廳雇用我。塞翁失馬，焉知非福。我別無選擇，只能破繭而出，思索下一步該怎麼走。

我居住的城鎮在奧地利、瑞士和德國交接處，附近有個湖泊。我搭乘渡輪到湖泊對岸，在康斯坦茨大學就讀。雖然這趟旅程和其他離家讀大學的年輕人差不多，但對我而言，可說是人生一大突破。

當時，我很害羞，對未來感到迷茫，沒把握自己能在那裡交到朋友，也不知課業是否能順利過關。我對科技和教育有點興趣，心理學和設計也不錯。但在那裡，最深刻的學習，與其說是學業，不如說是有關個人信念系統的轉變。經過一段時間，我發覺自己被困在一個假設的堡壘——關於教育、情感和物質需求，我的種種推想其實對自己沒有多大幫助。

我想，我可以逐一權衡、檢驗，最後採納一套新的價值觀。但不知不覺，我知道自己正面臨人生最重要的機會，也就是對新的想法和經驗完全敞開自己，找出信念、適合的位置，以及在這個世界發揮影響力的方式。

強化你的開放性

從那時起，毫無保留的開放一直是我追求的目標。就算心有疑慮或不安，也能全心全意的投入，就是建立自信的關鍵。開放幾乎總是始於大膽的向前一躍——你會發現，在跳出去之後，下次有機會跳躍時，你就會變得更加開放。開放具有生成新事物的特質，也就是說，一點點開放會產生更多的開放，進而帶來更多的開放，以此類推。每一次跳躍，你都在強化開放性。你愈是封閉自己，等於愈是否定自己。就這麼簡單。

所有人都是封閉的，只是程度有別。我們心中都有維持現狀的偏誤，因為討厭所有會威脅到現況的東西，所以不惜封閉自己。

個人習慣、傳統和社會規範都是封閉心靈的盔甲，使我們避免做其他的事，也不想嘗試新事物。每次我們那封閉的心扉開了一條縫，迎向新的經驗，我們就會為自己的勇氣和冒險精神感到自豪，然後悄悄的把門關上，回到日常生活的常規節奏。

「封閉」代表你自認為已經知道需要知道的一切。既然原本的想法沒問題，嘗試新想法豈非多此一舉？我可以向你保證，如果你堅持現狀，機會必然會與你擦肩而過。封閉會限制學習能力，讓你無法從新的經驗學到東西，你的興趣也就會流於呆板、狹隘。[1]

除了剝奪無數的機會，封閉還會使你在面對變化時變得僵化。在這個瞬息萬變的世界，封閉會使你永久處於防禦狀態。你就像一個一直緊握的拳頭，身心俱疲。

跟無常這個自然法則鬥爭，當然會使人精疲力竭！

關於開放，有趣的一點是，開放就像水龍頭，可以開開關關，前一刻打開，下一刻關閉。為了更敏於察覺你所做的選擇，你可以將一天中對某一件事情的反應記錄下來——任何事都可以。

例如，你的大學同學打電話請求幫忙，或是老闆要求再次修改簡報。或者有人站在超市外面向你要銅板。在這些情況下，開放的反應可能是什麼？封閉的反應又是什麼？這些不同的反應可能會帶來什麼樣的結果？

根據你的個人經驗，首先你會注意到，與封閉的回應相比，開放的回應壓力比較小。封閉和抗拒比較費心費力，開放和傾聽反而比較輕鬆。開放的回應也比較積極，因為你看到的是更多的可能，而不是一心一意想著不可能，這對你當下和未來的情緒是有幫助的。[2] 最後，正面的回應更能帶來希望，因為這麼做能激發創造力和合作，而非衝突。

一旦你發現自己不自覺的選擇封閉回應——回歸到標準的看法、偏好或習慣——為了擺脫那種反應，可以花點時間聚焦於某一種感官體驗上——如天空的顏色、新割的草坪氣味、早晨車來人往的喧囂聲。想想可以用什麼樣的字句來形容這種感官體驗，這會讓你回到當下，開啟心靈的開關。

是的，我們都渴望安穩、不變。由於不確定性會帶來緊張和焦慮，大多數的人偏好確定的事物。然而，依然有人願意選擇不確定性，且對可能發生的一切抱持開放的態度，未來才會出現和過去截然不同的新風貌。

毫無保留的開放會帶來一股令人悸動的電流——知覺變得異常敏銳，就像表演者或運動員上場時全神貫注的緊張，同時對自己應變能力充滿信心。他們習慣這種感覺，因為這已是他們工作的一部分。其他人則需要刻意脫離常規，歡迎不同的刺激出現在自己的生活中，才能找到在開放時那種稍稍失衡、如履薄冰之感。這將使你走出舒適圈，踏入無限可能的學習與成長之境。

烏龍球

二〇一二年十二月的一天，我正走向教室準備講課時，突然接到一通電話。我的手機上顯示一個陌生的德國電話號碼。還有幾分鐘才上課，我就接了電話。來電者是奧利弗．比爾霍夫（Oliver Bierhoff）——一九九六年在歐洲足球錦標賽德國對捷克決賽踢出「金球」（在加時賽決定勝負的一記進球）[3] 使德國奪得冠軍的足球英雄。我必須承認，我不是狂熱的足球迷，但我確定這通電話會很特別。

他說，他看了我接受《明鏡周刊》（*Der Spiegel*）採訪的一篇文章，標題是〈是的，我們來試試看〉（*Yeah, lasst es uns versuchen*），內容是關於如何建立一種開放、創新和前瞻的文化。他設法找到我，看看是否能跟我見面談談。他是德國足球協會（Deutscher Fußball-Bund）的國家隊暨足球發展總監，希望把德國足球提升到能贏得世界杯的水準，就像他們當初拿下冠軍那樣。他相信，組織必須對新的做法採行開放的態度，正從體育界之外尋找靈感—— 於是，他打了這通電話。

德國足球協會是整個德國足球聯賽體系及男子和女子國家隊的管理機構，因此這個協會對德國足球文化有很大的影響力，包括從最頂尖的職業比賽到各個城鎮的青少年足球賽。

你可以理解為何我會抓住這個機會，從足協旗下所有職業足球隊的高階主管、球員和裁判培訓出創新教練。我渴望看到的不只是這些領導人應用我在 Google 和史丹佛設計學院測試過的概念，還想看看新的思維方式如何影響這個擁有六百八十萬名會員的巨大聯盟。

我和奧利弗及足協其他成員談過後，發現這個組織困在過時的思維框架之中。他們照鏡子時，看到的是過去的冠軍。他們想像未來時，看到的只有過去。結果，足協官僚作風嚴重、自以為是，沉湎於過去的榮光，而不是探索未來可能會如何。我想幫他們拋棄過去的認知，邁向不同的未來。

我在 Google 的漢堡辦公室為德國足協舉辦了一個關於未來思維和創新文化的工作坊。然後，我在足協位於法蘭克福的總部與他們合作了好幾個月。足協努力建立一種文化，讓人渴望用新方式來解決舊問題。於是，我們為組織和團隊開發了一些儀式，使他們能以開放的態度來面對新的思維模式、創新想法和健康的回饋文化。

大家都知道，運動員及其他體育專業人士會利用儀式作為心理支撐點，因此我預料這種方式能引起這個群體的共鳴。我在培訓課程中經常利用儀式的力量，因為這種做法能有效打破常規思維和行為，為新的觀點開闢道路。一個組織的價值觀常常只是網站或員工手冊上一些老套的願景。儀式是把價值觀帶入生活的強大工具。

為了鼓勵開放和實驗精神，德國足協設計了與這些價值觀有關的儀式。例如，有個儀式叫「烏龍球」，團隊成員輪流分享糟糕的決策或失敗經驗，以及由此產生的負面結果，再一起探討可能從中學到的教訓。

另一個儀式是「九十分鐘」（一場正規足球賽的時間），組織裡的每個人每天從上午十點到十一點半，在這九十分鐘的時間內都能不受打擾的專心工作。「午餐抽籤」的做法則是讓來自不同部門的人員有機會聚集在一起。兩名員工在隨機配對之下共進午餐五次，藉此從對方那裡學到不同的東西。偶爾驚喜嘉賓會出現，如傳奇球星洛馬爾・馬特烏斯（Lothar Matthäus）、有德國女子轟炸機之稱的女將比吉特・普林茲（Birgit Prinz）、德國門神曼紐爾・諾伊爾（Manuel Neuer）等，大家爭先恐後的跟他們自拍，並在社群網站分享這難得的「午餐自拍」。他們發現這些自創的儀式能營造出一段特殊的時光，催化意義非凡的成長和變化。

奧利弗・比爾霍夫看到開放文化的潛力，他企圖重新構想德國足協如何運作，以及如何訓練團隊和球員，好為未來建立勝利的動力。

你也許想知道：**他們現在贏球了嗎？**

德國女子國家隊在二〇〇二年歐洲女子足球錦賽中差一點奪冠，在延長賽以一比二輸給英國。所以，是的，德國足球隊愈來愈強。然而，更重要的是，組織對自身有更全面的看法，也更以價值觀為導向，從德國足協在法蘭克福市中心占地三十七英畝的新總部可見一斑。這個總部的設計特別鼓勵非正式聚會，員工和訪客能從任何一個地方看到戶外活動，讓業務和體育方面都能攜手並進。

請看看 Google 高階主管教練亞當．雷納德如何利用冥想鼓勵講究實際的工程師，讓他們以更開放的心態接受不確定性。

Meet
the Future
Readies

你的未來嚮導

亞當・雷納德

擁抱開放

就像很多小孩一樣，我喜歡遇事就問，而周遭的大人似乎總會告訴我答案。我自然而然以為大人把所有的問題都搞清楚了。有一天，我問媽媽一個很難回答的問題，她給我一個意想不到的答案：「這是一個謎。還沒有人知道答案。」在此之前，我還沒聽過「謎」這個字，得知有些問題還沒有明確答案時，我覺得很興奮。一種新的動力在心中湧現。我不只是想學習已知的事物，也想探索未知的領域。

我漸漸長大成人，不但渴望新的發現，也對未知事物敬畏、好奇。我認為，開放的心態就是發現的主要途徑。然而，要以開放的態度面對謎團、冒險走出舒適圈，踏入未知的領域，需要勇氣。後退到常見和熟悉的環境，要容易得多。因此，當我來到未知的邊緣，關鍵就在練習適應不安的感覺，讓自己能夠泰然處之。

對我來說，旅行就是一個很好的例子。我很喜歡當即興背包客，就是完全沒計畫就上路，前往全然陌生的地方。我相信在這樣的旅程中，我會發現新朋友、新景點和新住處——這些都是我無法事先知道的。沒有行程安排讓我有點害怕，同時也覺得自由自在。我因此遇見更多機緣巧合。這樣勇闖陌生之地帶來的新鮮感和驚喜，帶給我極大的創造能量。我已多次揹起行囊就走，一走就是好幾個月。每一趟旅行都以不同方式改變我。

我也用同樣的開放心態在我的內心旅行。我練習各種形式的探究、沉思和反省的時候，從來不知道自己會遇見什麼。每次我向內探索，都儘可能用開放的態度來面對可能發現的東西——只注意，並不做任何判斷。這些心靈之旅經常能帶來意想不到、具有創意的洞見，豐富了我的生活。

我在 Google 第一個「二〇 % 自由時間」的案子是建立「gPause」（暫停）社團，將正念與冥想導入到公司的每一個角落。當時，Google 的健康主管比爾．端恩（Bill Duane）正大力推行「搜尋內在」（Search Inside Yourself）的自我成長課程（這個課程現在非常有名），讓愈來愈多 Google 員工透過冥想了解自己、提升情緒智慧。我在進 Google 之前，已練習冥想多年，很高興他推廣的訓練廣受同事歡迎。我發現公司總部的冥想室利用率不高，不知道學員是否在學會之後養成冥想的習慣。因此，我決定建立一個社團，帶領成員練習冥想，並鼓勵不太想這麼做的人嘗試一下。

我思考如何激勵一群聰明絕頂、善於分析的工程師嘗試冥想。冥想似乎與他們的文化格格不入。我了解這些人對科學方法有濃厚的興趣，尤其是實驗，於是決定用科學的方法跟他們討論冥想。我提出一個假設：基於許多神經科學研究，冥想有很多好處，但他們只能透過在自己身上進行實驗，驗證這個假設是否成立。因此他們必須把自己的心靈和身體當作實驗室，從自身經驗蒐集數據。我說：「如果你是一個好的科學家，就必須進行實驗。」

對很多 Google 員工來說，這是打開他們心靈的一把鑰匙，讓他們接受看似怪異、但非常有用而且有益的做法。自二〇一六年，我為 Google 工程師成立這個社團之後，全球遍布各國的一百六十多個 Google 辦公室，都有人在這樣的社團每日練習中培養平靜的專注、回復能量和利用有創意的洞察力，總計有好幾千人選擇用開放的心胸接納新東西。

我的核心工作主要是幫助領導人進行更深入、更有意義的對話，以因應最複雜的挑戰。科技業往往會對更新、更好的溝通平台感到興奮。我也不例外。但更讓我興奮的是人與人之間對話的品質和意識，無論溝通的媒介為何。

與我合作過最優秀的領導人都在練習我所謂的「演化式的對話」。這種做法需要在自信和謙虛之間保持平衡——能自信的表達自己的觀點，同時謙虛的承認自己的看法是有局限的。練習這麼做的人會敞開心胸，聆聽別人的觀點，放下自我，並認為自己的想法可能透過對話出現改變，甚至升級。在最佳狀態下，演化式的對話能激發集體智慧，這種智慧要比個別參與者更聰明且更有創意。集體智慧的出現通常不是偶然，是有意識的選擇，需要敞開心扉及勇於示弱。

科學家一直在研究人類如何學習、成長和演化。當然，我們還不知道所有的答案，但我們確實知道，封閉或僵固式的心態會阻礙發展，反之，開放或成長型思維能讓我們步入「潛在發展區」——這是剛好超出我們目前的能力，又不至於超過我們負荷的最佳切入點。此處是新的可能性和潛力出現之地，也是奇蹟發生的地方。

毫無保留的開放就是熱情擁抱人生種種的未知與弔詭。只有開放，你才能抵達真正有趣、充滿成就感的地方。而在

塑造未來之路時，這些地方就是你的里程碑。

要如何確定自己已經走上這條康莊大道？祕訣就是開誠布公、信任、慷慨，以及聆聽不同的聲音。

開誠布公

有時，我們聽一個人談論開放，其實他是在講開誠布公。在人際關係中，開誠布公意味攤開一切——沒有祕密，沒有驚喜。在一個組織裡，開誠布公往往是指溝通頻繁而直接，營運資訊在各個階層都能取得。

毫無保留的開放和開誠布公是不同的概念，如運用得當，兩者就能相輔相成。你可把開放想成接受**輸入**的東西，而開誠布公則是接受**輸出**的東西，也就是願意坦率的公開內部情況。假設你得知一個壞消息。開放使你接受這件事、能處理，並做一些有意義的事。再來，假設你必須傳達一個壞消息，開誠布公使你誠實、毫不猶豫的把這個消息傳達出去。

開放和開誠布公如何相輔相成？我最早也最難忘的經驗是二○一○年剛剛開始在 Google 工作時，當時參加每週的 TGIF（Thank Google It's Friday，感謝 Google，又到了禮拜五）跨國員工線上會議。每週五下午，Google 共同創辦人謝蓋爾．布林（Sergey Brin）和賴利．佩吉會先說幾句話，然後開放討論，讓員工暢所欲言。一個禮拜接著一個禮拜，員工提出一個個直接、難纏的問題，他們則直球對決，誠實以對。這簡直是建立企業文化的大師課。

有一次，有個員工問，為什麼員工出差不能坐商務艙？當時的財務長派翠克．皮歇特（Patrick Pichette）回答，員工出差坐經濟艙是公司政策。他自己也是坐經濟艙，因此要求其他員工也這麼做是公平的。經過熱鬧的討論後，公司發展出一個名叫「差旅」（trips）的點數累積計畫，每次出差搭乘經濟艙或入住平價旅店都能獲得點數，累積足夠的點數，就可選擇兌換商務艙或頭等艙。

打從 Google 成立之初，創辦人就用這種儀式來實現開誠布公的價值觀。每個禮拜五，我看到他們利用開放來提升應變能力——他們從來就不知道在這些會議會面對什麼——並用開誠布公來建立信任。

就像開放，開誠布公也只是一種選擇。我是否透過公開行動和直言無諱顯露自己，不怕暴露弱點？或者我會為了保護自己進行掩飾，甚至隱藏自己的某些（或全部）真相？

開誠布公和開放一樣，都不是容易的選擇。面對那些可能不喜歡你或不欣賞你言行的人，開誠布公可能招致他們的批評。但如果你知道自己可能會受傷，為什麼還要暴露自己？其中一個原因是，開誠布公或許是建立和維持信任關係的最佳方式。

不幸的是，沒有所謂「半開誠布公」的做法——只能完全開誠布公或不開誠布公。

開誠布公不是一下子就可以做到的，需要一點時間適應。一開始，你可以請一個人幫你，請這個人就對你很重要的事情給予坦率的回饋意見。可以是你最近在家裡立下的規定，也可聽聽孩子有何想法。或者請你的部屬就你主持的一場會議進行評估。改變溝通的權力動態，扮演傾聽者，如此一來你就可以學到如何「開誠布公」。

另一種練習開誠布公的方式是，在大家都難以啟齒時，率先打破沉默。例如，分享你犯過的錯誤。在 Google 的主管會議，每一個人都得描述自己在上週明顯做錯的事——也許是一個糟糕的決策或是處理不當的對話。起先，說出這些事情會讓人覺得尷尬，主要是怕被同事看輕。但經過一段時間之後，就可建立信任關係，開誠布公成為彼此期待和重視的一件事。

你也可以分享自己正在進行但仍在起步階段的計畫。在

Google 的 TGIF 會議上，可能會有一、兩個團隊分享他們正在開發的新技術，但目前只有一個非常原始的雛型或模型。由於與會者包括來自 Google 在全球各地的員工，這些團隊不免會緊張。但一些了不起的合作案和夥伴關係就是源於這樣的會議。儘管要在中立、投入且會提出批判意見的觀眾面前提出尚未成熟的想法是很冒險的，但計畫更可能因此而成功，因為這麼做可以吸引其他有才華的人參與。

我提倡開誠布公的最後一個理由和真實的自我有關。很多人只想顯露自己的某些層面，不想讓別人看到自己的缺點或不安。然而，一旦你用開放的態度與人交流——沒有遮掩或過濾——對方就能看到真正的你。這通常會使人放下防備、去除偽裝，讓你看到他們真實的一面。一些最深厚久遠的關係源於分享真實的自我。

顯現真實的自我，就算是最微不足道的舉動也能產生巨大的影響。我有個朋友很內向，不善社交，索性在這種場合展現開誠布公的自我。他不是一個人呆呆站在角落（或是找個地方躲起來），他會與人聊天，向別人自我介紹，幾分鐘後，他就吐實自己是個害羞的人，參加派對讓他如坐針氈。他的誠實拉近了他和別人的關係，另一個人似乎總是知道接下來該說什麼。很多令人難忘的對話隨之而來。我這個朋友要是躲起來，拒人於千里之外，就無法與人有這麼精采的交集。

最後，開誠布公展現自己是個有血有肉、具有同理心的人。我不是說這很容易做到，而是要說這麼做是**值得的**。試著保持透明，看看這對敞開心胸的感覺有何影響。

改變你的思維模式
Change Your Mindstate

清空

在史丹佛大學設計學院，我們皆把教室和教學工作室「預設為空」。大多數在教學環境裡的物品（桌椅、白板等）都會在下課時搬到教室外。這麼做是為了讓學生對下一次上課的學習內容和學習體驗沒有預設和先入為主的觀念。在每一堂課前，教師會根據當日的學習和發現目標來布置教室。

至於你工作的地方和日常工作，要如何清空以利重新開放？在每天工作結束時把工作空間清理乾淨，並不會使在你工作中碰到的問題消失，但可以幫你在明天用全新的視角重新投入工作。你的手機、平板等電子設備呢？你知道睡眠專家建議我們在睡前不要再使用這些東西嗎？其實，早上醒來也可這麼做，不要一睜開眼就急著拿起手機。先花幾分鐘靜坐，思考你剛醒來時的想法。在準備好轉換到工作模式之前，盡量別碰手機。你會發現，給大腦一些時間慢慢適應新的一天，可使你切換到開放的模式，更能接受並好奇這新的一天即將帶給你的一切。

相信自己

選擇開放，並要求自己相信，不管發生什麼，你都能有收獲。當然，這就是關鍵所在。我們對新的體驗抱持開放的態度，結果確實很棒，我們會想：「哇，我想再試一次！」但是若結果差強人意，我們就會把這段記憶存檔，引以為戒，以免未來重蹈覆轍。

小孩常會發現自己處於不知所措的情況。他們沒有很多可供參考的經驗，不管在學校、在家或是在操場上，只能看著辦。最後，他們建立了一個參考框架，提醒自己如果這麼或那麼做，會有什麼後果。在他們每次「犯錯」時，大人通常會糾正他們，他們就和其他人一樣，依循在這一生中學到的規範和準則。

回想一下小時候的感覺，當你碰到意外或莫名其妙的事情時，你完全不知道該怎麼辦；就像電影《小鬼當家》（*Home Alone*）裡在聖誕節不小心被父母遺留在家的孩子。你不只是不知如何是好，甚至有點害怕，對吧？這就像有人扔了個熱燙燙的馬鈴薯給你，你得趕快想個辦法處理。從另一方面來看，這樣的事件也使童年變得有點刺激，不是嗎？這種刺激讓你下回有勇氣接受挑戰，說道：「喂，把那個馬鈴薯扔給我！」不管結果如何，你都透過考驗展現了自己的能力。

時光快轉到今天，你已長大成人，大腦線路使你把熱燙燙的馬鈴薯視為危險或威脅，在你接住馬鈴薯的那一刻，不由得焦慮起來。你的第一個想法可能是：「我要如何使這東西消失？」與其急著消除不安，不如視之為學習過程中正常的一部分。

當「意外」大駕光臨

當意外發生時，你如何做出更正面而有成效的反應？首先，要接受自己最初的反應。擔心？憤怒？沮喪？好，記下來。現在提醒自己，你無法改變已經發生的事，但你可以改變自己對那件事的態度——用不同的角度來看，並從中得到教訓或收獲。

例如你剛剛得知，公司領導階層出現巨大變動。上一次發生這種事，你的部門有兩個人被解雇，人心惶惶，一年之後才塵埃落定。由於之前的經驗，這個消息讓你焦慮不安。試著把這個事件想成你手裡拿著的東西。仔細檢視這個事件的每一個層面，描述所有的細節，愈詳細愈好，直到你發現此次變化可能帶來的機會。

這個練習能讓你用更客觀的心態思考。等你想清楚，儘管那熱燙燙的馬鈴薯仍在手中，但你已抵消畢生習得的快取回應，可以用開放的心態來面對這個事件，思考接下來可能發生的事。經過一段時間之後，你就能學會相信開放的自己，把意外事件轉化為通往未來的墊腳石。

開放不是指一股腦兒衝向未知，也可能是溫柔的接受日常經驗的各個層面。想想，對一些隨機出現的刺激，你花了多少時間和精力做出反應？其實，你大抵沒注意到自己做了什麼。你無法阻止這些刺激——想像一大群飛向你的蚊蟲——但你可以切換到一種慢動作模式，以辨識牠們是什麼東西。

又如鄰居的孩子正在練習打鼓。她多半在車庫裡敲敲打打，讓你難以專心工作。你買了降噪耳機，也很想打電話給鄰居，請他們行行好，別妨害安寧。有一天，她又在打鼓，但你沒有像往常一樣焦躁不安，而是放下手邊的工作，靜靜的聆聽。

她在反覆敲打，過了一會兒，你注意到一個微小的變化，也許是轉折處變得流暢，或是她的鼓聲變得更有自信。你發現自己聽出她掌握了某個小技巧時，不禁莞爾一笑。其實，這跟你日復一日聽到的「噪音」沒什麼兩樣，然而由於你的用心聆聽，已能聽出音樂之妙。

一天當中有無數這樣的時刻，每一個都是實驗觀察與接受的機會。這麼做會讓你回到一種更自然的狀態，免於被本能反應和偏見所束縛。在這樣的時刻，如果你靜靜的坐著，就能體會開放的真諦。

莎拉・布朗是 Google 在新加坡的全球營運經理。她運用這種開放的方法，在瞬息萬變中找到平靜。

Meet
the Future
Readies

你的未來嚮導

莎拉・布朗

傾聽自己

我從二〇一一年起，就在 Google 工作。二〇一六年以前在山景城，之後就一直在新加坡。多年來，我參與了許多聚焦於學習、領導力發展和社區參與的計畫。從二〇一九年初開始，我參與的幾個專案，由於重組或優先順序改變而終止。疫情加劇這種混亂，所以四年來我每三到六個月就得擔任不同的角色。在這段時間裡，我的工作和生活發生巨大的變化和動盪，我承受不了，最終住進了醫院。我的消化系統因壓力而出現問題，我花了一年的時間與整合醫學方面的醫師和營養師合作，才找回健康。有趣的是，直到碰到這種事，才了解自己處於「學習時刻」。這個世界瘋狂到了極點，不斷出現我們完全無法控制的變化。我的一位同事常說：「控制可以控制的。」意思是專注於自己有能力改變的事情。直到這次病倒，我才真正了解這個概念。

事實上，我認為只有一件事是我們能控制的，也就是我們對自身經驗的反應。在生病之前，我一直很注重健康，例如我會跑步、騎自行車和舉重。雖然這些對身體健康很有好處，卻不是管理壓力的好工具。我更需要的是讓我與自己內心合拍的練習，以好好解讀、了解和調節自己的情緒狀態。學會了解自己且能接收自己的身體訊號，改變了我對變化和壓力的反應方式。我對自己在面對挑戰時的力量和應對能力有了更深的認識，也更願意培養我需要的條件，以成功面對這些考驗。

開放意指對自己有高度的信任，且對未來有一定程度的樂觀。你必須相信你要的東西就在那裡，才能放下想要控制的想法。在我看來，開放和控制似乎位於光譜的兩端。想要控制，是因為我們害怕，不相信事情會朝著對我們有利的方向發展。

開放加上樂觀，這種感覺就像是打從心底對宇宙真心信賴，因此你能說出這樣的話：「嗯，雖然我認為這不是我會做的，也不是我想像得到的，但這可能會帶我到意想不到的有趣地方。」

培養這種樂觀的開放態度使我更加平靜，可說抵銷了我以前會感受到的大部分壓力。該來的，總是會來。當我以開放、好奇以及對自己力量的認識來面對這個事實，就會對未來感到興奮，而不會恐懼，或是覺得壓力很大。我試圖回想每一天，並了解視角的轉變如何影響我處理工作和人際關係。這個練習幫助我辨識自己敘事中的模式，指引我找到做出不同選擇的機會，或了解我正在進步。

如果不是因為 Google 組織另一個不可預見的變動，在我職業生涯的這個階段，我不會選擇或尋求今天我所擔任的這個角色。但我並沒有對這個轉變感到沮喪或焦慮，因為我看到了學習和發展新技能的機會。我希望自己能有其他職業經歷，但我珍惜現在的位置。對我的健康和整體幸福感而言，這就是關鍵所在。

樂於分享

一九九〇年代末期，軟體開發開源模式的出現讓一些人坐立不安。一家公司免費釋出自己研發的原始程式碼，而且允許他人修改，或在其基礎上開發自己的產品——這種做法似乎很瘋狂。其實，這個概念由來已久，甚至可能是百年來最大的創新動力。

要把如此寶貴的智慧財產權丟到宇宙中，與全人類分享，必須有極大的信念，相信分享的好處大於成本，而且願意賭上一切，證明這東西是有價值的。要你個人做這種高風險分享，可能會讓你冒一身冷汗！

如果我說的是分享一些簡單的東西，不是價值幾十億美元、有版權的軟體，你就會鬆一口氣。話雖如此，那種毫無保留且開放的特有分享方式也是有目的的——甚至是精心計算過的——如 Linux。我們分享是為了開啟未來的可能性和機會，而且把分享看作是會有巨大回報的投資。

分享的做法開闢了通往發現的途徑。每一次分享都會引發一連串的互動和事件，朝多個方向展開。這就像是一種冒險方式的選擇，一次分享引領你走向 X，而另一次分享使你走到 Y，每一次分享都會產生一連串的結果。分享愈多，可以探索的途徑就愈多。

你在分享時，付出了一些東西，但你也得到回報。你獲得的回報可能不會立即顯現，甚至可能需要很長時間才會看到。其實，多重影響的浪潮不斷湧出、回流，每次都會以不同的效果沖刷你。

由於我們活在一個為了分享而建立的巨大科技網路裡，我要指出，我不在乎你用什麼工具分享，我只關心你是否真的分享，以及可能與他人分享什麼。

首先是分享想法。

分享想法是一種表現信任的行為。想法是很微妙的東西，就像是在你腦海裡正在成形的草圖，是你私人的東西。歷史上有一籮筐想法被嘲笑和誤解的故事，也就難怪你會想保護自己的想法。但是，有一點要注意：想法是透過社會互動不斷建構出來的生命體，需要混合、交流和傳播，才能知道它是否有價值。當然，想法也可能受到一些大大小小的打擊和破壞，然而如果你能從分享想法學到東西，這個想法就會變得強大。

一旦你分享一個想法，開放自己的心態，接受這個想法可能或不能變成什麼。你不再苦思冥想，直到這個想法盡善盡美，它已經脫離你的掌控了！在我加入 Google 之前，我有一個念頭，想要建立創新培訓中心和社群。我還沒擬定計畫，甚至沒有一個完整的概念，我就開始跟不同部門的人分享這個想法。從專業角度來看，這麼早就說出我的想法實在有點危險，因為別人會很容易找出破綻，甚至讓這個計畫胎死腹中——畢竟我還是個新人。沒想到很多同事聽我說起這個計畫，隨即露出興奮之情。他們的回饋最終使我在 Google 設立創意技能創新計畫（Creative Skills for Innovation program），與全世界分享我們的創意。這個計畫簡稱 CSI 實驗室，已是相當著名的一項創新計畫。

與人分享、建立連結是另一個通往開放的強大管道。與某一個人萍水相逢卻有相見恨晚之感，這種經驗令人興奮莫名，但我們卻很容易忘了這麼做。有多少次，你為了生活奔波勞碌，幾乎不會抬頭看在這人生之路上遇見的每一個人？

每次你對另一個人敞開心扉，進行有目的、有意義的互動時，人際連結線也就增加了一些點——這些點的輸入對你準備好迎向未來的心態非常重要。即使是最短暫的接觸，也可能使你的思想或感覺向不同的方向傾斜，激起漣漪，可能使你一天中所有內在與外界接觸點聚集在一起。

上班時，你可以找不太熟的同事一起吃飯。跟陌生人聊他們手裡拿的書。每天早上向你碰到的人問好——那些你在搭電梯時、在咖啡店或是在通勤電車遇見的人。與人連結的時刻有兩個作用：首先，會使你放慢腳步，親切的對待另一個人，即使你們在下一秒就分道揚鑣。這就像空氣、水和食物，是我們需要的東西。其次，與人相遇可能會引發意想不到的洞見或激發你去做某一件事。

有一次，我老婆安潔拉在住家附近的三明治店排隊時，發現站在自己身旁的是一位名叫艾格妮絲的年輕女警。安潔拉點餐時，那個女警注意到她的口音，於是用德語跟她攀談。

這樣的不期而遇讓人既意外又開心。她們聊了幾分鐘，分開時交換了聯繫方式。

在接下來的一年左右，艾格妮絲成了我們家的摯友。我和安潔拉晚上外出時，艾格妮絲偶爾會來陪我們的孩子。孩子都很喜歡她（全世界沒有比警察看管更乖的小孩了）。後來，她離開聖塔克魯茲，去懷俄明州當國家公園巡邏員，有時她會寄電子郵件給我們並附上照片，提醒我們她曾經是我們生活中的意外驚喜。我常想起這件事。安潔拉與一個陌生人在一家店裡偶遇，結果成了我們家的好友。自此之後，這段情誼一直影響我們家的每一個人。

關於分享的最後一點很簡單：把你的注意力放在你要與之分享的人身上。無論你是在跟同事開會，還是和朋友共進晚餐，或是在店裡買東西，你都得全神貫注。如果你專心一意，任何互動對你（和其他人）都有更大的價值。若是你注意力分散，一心二用，如一邊看手機，或是一面在心裡盤算要做哪些事——在這樣的交流中，你的貢獻較少，學到的東西更少，感受也變少了。不管你專心與否，你花的時間一樣多，但你得到的卻少得多。更糟的是，注意力分散會減損互動的潛力。如果你不能完全開放，無法從互動獲益，為什麼還要這麼做？

可以找一天，儘量把全部注意力放在每一次互動上。如此一來，你會發現很多常錯過的細節，從臉部表情，到某一個獨特的用語，乃至對「言外之意」的關切。當中有很多有意義和可行的訊息，要不是特別用心，可能根本就察覺不到。集中注意力看起來可能像是資產負債表上的負債，因為會花

改變你的思維模式
Change Your Mindstate

紙飛機

在紙上寫下一個關於未來的問題：「如果……會怎麼樣？」這個問題是對你個人或你的團隊或組織很重要的事情，你想了很久或很想做的事情。把紙折成紙飛機[4]，塞進你的手提包或口袋，然後過你平常的生活。

每次你在口袋裡摸到或在包包裡看到這個紙飛機，環顧四周，在附近找一個人，想像飛機飛向他們會發生什麼事。他們會撿起來讀嗎？如果像這樣，跟陌生人分享你的夢想或願景，你會有什麼感覺？如果他們看到紙飛機，但視若無睹呢？你會尷尬或覺得自己的想法不重要嗎？在不知道結果會如何的情況下，分享關於自己的事情，不只是相信自己，也有可能與他人建立連結。

費時間成本，但實際上是資產。我保證：這麼做，你會獲得更多。

小時候學習分享時，大人通常會解釋這是對他人的善意。現在，你可以看到，我鼓勵的分享是為了你自己。用開放的態度去參與每件事，你會看見創造無限可能的點點閃光。

尋求多樣性

多樣性在職場上的商業效益非常顯而易見。一個團隊的組成分子形形色色，來自不同的社會和族裔，代表各種特徵和經驗，也就能帶來許許多多不同的觀點，有助於團隊產生更好的想法，更有效的排除故障和解決問題。對於任何一個想要培養和支持多樣化勞動力的組織來說，這就是能提升績效的福音。

對個人來說也是如此。如果你的個人生態系統是多樣化的，你的思維就會更開放，能使你跳脫狹隘的自身經驗，接納各種想法和解決方案。你愈接觸不同於自己的觀點，就愈能看到更多的可能性。

要為自己建構這種多樣化的生態系統，首先你得評估現在的情況。最常跟你在一起的人是誰？你看什麼書、聽什麼音樂、看什麼影片？你喜歡吃什麼樣的食物？你如何打發時間？你去哪裡旅行？

把這些訊息蒐集起來，為自己建立一個檔案。在這檔案中，每一方面都代表著一個多樣化的機會。例如，在人際關係類別中，跟你在一起的是不是都是那五個人？如果是的話，你該改變一下了。邀請一個你不怎麼熟的人一起喝咖啡。在圖書館或食物銀行做義工，接觸許許多多的陌生人。這個建議是要你跟：a）你圈子外的人，以及 b）與你不同的人，在一起相處。

在創新領域，為了尋找新的、有趣的機會，我們會去接觸「極端用戶」（extreme user）。這些人位於某一個挑戰或解決方案的邊緣地帶，由於具有特別的視角，可以提供獨特的見解。例如我曾與致力於無障礙服務的團隊合作，他們與盲人和聾人接觸，了解這些人士在日常生活如何運用某一種科技。今日廣泛利用的語音助手科技（如 Siri 和 Alexa）就是這麼開發出來的。

改變接收外來刺激的機會唾手可得。例如你租了一部車，發現收音機的頻道調到一個你很少聽的電台？別轉台，聽一會兒，了解一下那個世界正在發生什麼。你床頭櫃上的書呢？大多是推理小說或傳記？也許你最近都在看科幻小說？不管你最喜歡哪一個類別的書，在這些書中夾一本其他類型的書，或者加一本來自另一個時代的書，或是放一本講述陌生世界的書。讓你生活的每個角落都變得多樣化。讓每個領域都有接納新影響的潛力。

與他人互動時，要用開放的心態接納別人的觀點，你得先把自己的看法放下。你腦中的種種想法、點子和意見都很大、很亮，就像時代廣場上那些巨大的電子廣告看板，而且很吵，吵到讓你聽不到別人在說什麼。我們都有這樣的經驗：別人在說話，我們卻站在自己的立場忙著找機會反駁，以至於沒有聽到他們在說什麼。我們常常這樣，不是嗎？

從小，父母就教導我們，要我們相信自己的想法最重要。在學校，我們學習如何表達自我，確保別人完全知道我們的想法。父母、師長甚至告訴我們，不要在意別人的想法，以免影響自己的思考或行為——或者，如果別人不把我們當一回事，則要設法保護自己，讓自己的情緒不受到影響。

其實，你應該非常在意別人的想法。為什麼？首先是出於尊重。這是對人最基本的禮貌，表示我們重視他們的想法。我們之所以能夠在這個星球上共同生存下去，就是依靠互相讓步達到互惠互利。你不一定要同意別人的想法，但你要知道，別人的想法也很重要。

你還應該關心他人在想什麼，因為這樣能強化自己的思考。幾乎任何交流都能拓寬自己的理解範圍，無論是確認你的想法無誤、挑戰自己的思維，或是改進自己的想法。如果你不接納別人的觀點，你的思維會變得僵化，而且將永遠局限於這樣的思維。

努力接納別人的想法。首先，你要學會讓自己的思緒平靜下來，才容得下別人的想法。例如，你在準備一場會議，讓團隊得以解決一個難纏的問題。然而，你得把任何先入為主的想法放在一旁，也別期待這次會議會有什麼結果。提醒自己對對話的走向抱持開放的態度，因為你不知道什麼是可能的，什麼是不可能的。除了問幾個簡單的問題，你能做的就是傾聽。

前 Google 策略顧問拉菲爾・謝（Raphael Tse）在指導領導階層和團隊也運用了這個方法的修改版。他說：「我提出問題時，不會執著於任何結果或解決方案。儘可能待在開放性問題的空間，擺脫『應該要怎麼做』的思維，為更多的『可能會如何』創造空間。讓人得以擺脫自己敘事的框架和預設的思考模式，如此一來才能看到其他可能性。」

另一種清除自己觀點的方法是採取這樣的立場：對方是對的，你是錯的，假設別人的想法比較好。在你百分之百確信自己是對的時候，更是這麼做的最佳時機。你可以在對話當中說道：「我認為你觸及到核心問題了——請多說一點。」讓對方暢所欲言，這樣你才有機會真正聽到他們的想法，了解他們說的內容可能帶來什麼樣的回饋。

要認真的做。不要只是為了應付對方而假裝傾聽，心裡還是固執己見。誠實面對自己，捫心自問：「如果我錯了呢？」這可以幫助你打破自以為是的想法，了解別人的觀點。在全面客觀的探討問題之後，或許最終可以證明你確實有最好的想法。但除非你真正的開放，承認自己可能是錯的，否則你永遠無法確定什麼是最好的想法。

在培訓時，我最喜歡的一項練習叫做「最棒的爛主意」。我會把團隊的人分成兩組，每一個人都拿到一張綠色紙和一張紅色紙。我請他們在紅色紙上詳細描述最糟的餐廳做法，然後在綠色紙上描述最好的做法。我蒐集所有的紙，然後把所有的綠色紙扔掉。接著，我把紅色紙發給他們，請他們把最爛的主意變成最棒的點子。他們仔細思考爛主意所有的特點，想辦法改善。這個練習強迫他們放下對自己想法的執著，一起腦力激盪，以得出更好的結論。有些意想不到的概念正出自這個練習，而且已經實現——你覺得在黑暗中用餐或是品嘗全昆蟲料理會是什麼樣的體驗？

當你放下一己之見，換言之，你跳脫自己的觀點，敞開心胸，傾聽別人的意見，你會發現他們的想法和這個廣闊世界一樣多采多姿，包羅萬象。對多樣化觀點的欣賞，加上接受或嘗試新事物的意願，讓你更能因應挑戰，並找到新穎的解決方案。

開放不是指你必須喜歡或同意你遇到的一切，只是意味著你決定不去評判正在發生的事，反之，你願意接受，順其自然。毫無保留的開放，意味張開雙臂擁抱一切，不管是好、是壞，成功或失敗，因為你完全專注於新的學習和體驗。

每年十一月的亡靈節（Dia de los Muertos），Google X 實驗室的人會把所有沒能成功的案子——原型、提案、計畫，甚至寫在便利貼上的想法——丟進棺材，點火燃燒，慶祝這些舊的想法化為灰燼。他們一起進行這個儀式，把過去拋在腦後，向未來展開雙臂。

已故禪師鈴木俊隆曾說：「如果你的心是空的，隨時可以接受任何東西，對一切都是開放的。」初學者能看到無限可能，專家的視野反而變得狹窄。

試著當一個初學者。如果你選擇毫無保留的開放，就會發現這位禪師所言不虛。

機會常常
找上你嗎？

Does opportunity
find you easily?

試試看
Try This

看看箭頭上方之處。你對看到的東西多有把握？對於你看到的，什麼是你完全不知道的？你如何進一步了解看到的東西？

Chapter 4

引燃你的好奇心

強烈又難以克制的好奇心能讓你在未知領域怡然自得，
讓你沉浸在神祕和驚奇之中，
探索你未曾走過的路。
「如果⋯⋯會怎樣？」
就是你的口頭禪。

現在想起來，兒時家裡有一套《邁耶百科事典》（*Meyers Enzyklopädisches Lexikon*），我不知花多少時間埋首於那一套書中。這套百科全書共有四十幾冊，按蒐集條目的字母順序排列，看巨量資訊帶來某種秩序。其實，這是一種奇妙、不協調的閱讀經驗——我可能在一個雨天下午讀完所有關於aalbeere（一種像醋栗的漿果）的描述，翻到下一頁則發現aale（鰻魚）。我常常覺得腦子裝了太多東西，多到要爆開了，但新知加上意外的發現，具有讓我無法抗拒的吸引力，使我無可自拔的一再沉浸在這套百科全書裡，想要了解更多。

小時候，你根本不知道自己不知道什麼。你上學，在學校學的是大人認為你應該知道的東西，然而總是有太多東西在學校學不到。除了學校教的，你能吸收多少、體驗什麼，完全取決於好奇心。

你可以想想：在認識的成年人中——包括你自己——多少人擁有好奇心？我指的是猶如鑽牛角尖般、拼命想深入了解的好奇。我打賭這種人不多。為什麼？研究顯示，在童年時期，我們好奇的程度可能近乎百分百，但是長大成人之後，我們的好奇心幾乎降到零。[1]在長大的過程中，我們學到的東

西愈來愈多，對繼續學習的興趣卻愈來愈少。這不是說我們不再能夠從新的經驗學習，而是我們失去好奇心，不想學了。反之，我們更重視可靠、生產力、應變能力等，因為生活最重要的層面跟這些特質息息相關。

誠然，孩子們天生好奇，但他們的好奇心一點也不幼稚，其實相當複雜。孩子不會假設自己可能發現什麼。他們是熟練的調查者，會利用所有感官蒐集訊息。他們享受驚奇——但他們不需要知道所有答案。同時，他們一直在問問題。[2]

有一次我們全家去加拉巴哥群島玩，我親眼看到孩子的好奇心有多旺盛。當時，我的小孩分別是十二歲、八歲和七歲。船才剛下錨，孩子已迫不及待的跳進水裡浮潛，與海獅、海龜和海星一起游泳。接下來的幾天，我們探索這些島嶼，孩子吸收有關當地動植物的複雜知識，了解物種和環境之間的關係，以及這個脆弱的生態系如何保持奇妙的平衡。他們發現加拉巴哥象龜的脖子會那麼長，是為了吃到高處的食物；也知道海鬣蜥為了適應環境，有了游泳的本事，能在水中尋找海藻。這幾個孩子了解到所有生物（包括他們自己）該如何適應環境生存。

孩子想要探索的心如饑似渴，永遠也無法滿足，打從早上睜開眼睛那一刻，到夜晚累得倒頭就睡為止，都一直在學習，想要吸收更多。每一個發現都讓他們變得更大膽、好奇。最後，我們準備返航時，他們的腦袋已裝滿寶藏（幾乎要爆開）。

這樣的好奇難以克制，一旦激發，這種特質就會不斷自我強化，有利於面對未來。彷彿有一根羽毛在你後頸輕撓，像是在眼角餘光瞥見什麼，又如一縷若有似無的香氣在鼻尖縈繞。你得好好研究，搞清楚到底是什麼！

讓人震驚的是，我們很快就把美妙的好奇心拋在腦後。我在組織裡一再看到這種情況。世界上最好奇的組織就是新創公司。新創公司沒錢，沒有基礎設施，也沒有組織記憶，卻擁有無窮無盡的好奇心。如果這樣做的話會怎樣？為什麼 A 會造成 B ？我們能做到什麼程度？他們的問題比答案還要多，好奇心就是驅使他們前進的動力。

然而，即使是最具有開拓精神、走在時代尖端的新創公司，總有一天也會失去好奇心。他們原本是荒野中貪婪的獵食者，最後卻變成百無聊賴、在自動販賣機投幣購買午餐的懶人。這些人怎麼了？

當初他們在好奇心的推動之下進入成功領域，現在則被常規馴服，失去獨特的視角，感官變得遲鈍，緊抓已有的東西不放，不再提出好問題。

紅杉資本（Sequoia Capital）曾經請我對二十位新創公司創辦人發表演講。這些創辦人每一個人口袋裡都有紅杉資助的一百萬美元種子資金。他們飛到倫敦參加一項計畫的啟動儀式。這項計畫的目的就是為這些初出茅廬的創業家提供訓練、指導，並支持他們的發展。在我們共處的那一天，他們講述自己的創業故事，並闡明對自己公司的願景。我跟他們談到了未來，特別是想像自己的公司在未來會創造出什麼樣的頭條新聞。

儘管我是個樂觀的人，但當我看著這些創辦人的眼神閃爍著智慧的光芒，臉頰因興奮而泛紅，我還是不免想要知道，讓他們走到這一步的好奇心之火何時會熄滅。組織就像孩子，會逐漸長大。總有一天，他們會失去好奇心，一朝醒來，發現自己走在一條平凡無奇的路上，關心的是市占率、股票選擇權，以及他們和董事會的關係，不再有發現的驚奇。

就在這個時間點，一個成熟企業找上我，希望我能幫助他們激發創新。他們發現自己趕不上飛快變動的環境，產生生存焦慮。他們忘了該如何為了學習和了解去探索、詢問和查找資料，只能把所有時間花在回答問題，而不是提出問題。

有人說好奇心無法學習，但我相信任何人身上的好奇心都能被喚醒，那些卓然有成、已經在舒適圈的組織也是。我也相信，要準備好面對未來，積極、強烈的好奇心可能是最重要的特質，因為沒有這樣的好奇心，就沒有創造力和創新。好奇心使你大膽無畏的去追尋知識的點點滴滴，使你熱衷於挑戰常規，並且對學習永不滿足——這些特質能激發新的想法，進而塑造你的未來。Google 健康暨績效部門主任程紐頓把他的好奇心聚焦於自身，因而創造意想不到的人生。

Meet
the Future
Readies

你的未來嚮導

程紐頓

乘著好奇心的浪潮

我有菲律賓人和華人血統，在一個美國家庭長大。父母早就幫我規劃好未來。我從小就被教導要尊敬長輩，而他們認為我應該直接邁上一條成功之路，如成為醫生、律師等專業人士。當了多年的電機工程師之後，我才知道這種願景有多狹隘。

記得有一天我參加了一場設計審查會議，在會中歷經殘酷的鬥爭。走出會議室的時候，有人告訴我：「沒錯，這個週末你不能休息了。」在我認命的埋頭苦幹之前，一個誠實的想法突然在我腦海裡冒出來：如果我不在乎父母的想法，我會怎麼做？兩個念頭馬上冒出來：我要去買一瓶伏特加，喝個爛醉。這工作我不幹了，我要去做別的。

這兩件事我都做了。

我把自己變成一張白紙，填滿好奇的事物。例如，我二十多歲時喜歡跳霹靂舞。跳這種舞很酷，但身體真的吃不消。到了三十多歲，我還在跳，但身體告訴我：「不行，不能再跳了。」於是，我尋找其他可以做的事。有一天，我去了健身房，練習硬舉，也就是彎腰把加上槓片的槓鈴從地上舉起來。我舉起了三百磅，心想：「嗯，很不錯嘛。」繼而一想，我這個體重級別的人，硬舉世界紀錄是多少？我搜尋 YouTube 影片，發現有個叫理查・霍爾松（Richard Hawthorne）的傢伙能舉起六百磅五次，在他的體重級別締造多次世界紀錄。這個人跟我一樣看起來瘦瘦小小的，怎麼可能舉起超過自己體重四倍的重量？

我對自己的身體有著強烈的好奇心，因此立定目標，努力掌握技巧，學習世界級硬舉好手的訣竅。十年後，我已可舉起五百五十磅，贏得一次世界冠軍和四次美國冠軍，也和理查・霍爾松結為好友。當然，這並非一蹴可幾，這條路相當漫長，而我的身體、心靈、精神和人生哲學也因此都有了轉變——過去的我完全無法想像能受益至此。

好奇心也引領我進入 Google，找到我熱愛的工作——幫助全球 Google 員工獲得身心健康。當我發現過度投入，心理健康亮起紅燈，就快燈枯油盡時，就向公司申請長假休養，以了解自己怎麼陷入這樣的境地。我原本打算透過冥想、運動、閱讀和寫日記解決問題，但在嚴格執行之下，這些解方很快變成了另一份工作，給我帶來壓力。最後，我決定儘量讓生活留白，看這樣的日子會把我帶向何方。約三個禮拜後，我的大腦終於平靜下來。

我發覺在建立職業生涯的成就堡壘時，自己也漸漸遺忘構成「我」這個人的核心部分。於是，我跟幾個在高中時期和二十多歲時認識的朋友聯絡。他們就像明鏡，可以幫我回想起我的核心部分。我試著剝去表面的偽裝，強迫自己直視童年的創傷，思考這些創傷如何變成焦慮，並與我的成就導向糾纏在一起。

這麼做看起來很難，或許也很難受，但我用一種溫柔的好奇心來面對，這個過程因而變得很有意義，我也得到回報。我必須願意——甚至渴望——去理解這些陌生的自我面向。我不知道會發現什麼，我只是想探索自己的心靈。

我知道很多人都有類似的問題，苦不堪言，所以休假回來後，我決定公開談論我的故事。很快的，很多人都向我求救，要我談談心理健康以及領導人要怎麼做，才能解決複雜而普遍的職業倦怠症。一股風潮漸漸成形，而我不得不成為其中的一部分。

當年，我壓根兒不敢想放棄電機工程師的工作，但為了人生的新體驗，為了擁有想要的生活，我必須放手，捨棄一直緊抓不放的東西。好奇就是鼓起勇氣，往前一跳，挑戰舊有的價值系統，好奇也會讓你看到所有的機會和可能，走上一條有意義的人生之路。

為了引燃你的好奇心，你必須認知個人的假設，運用感官，坦然面對自己不知道的事情。

跨越預設思維

我剛去 Google 工作時，就開始運用二〇 % 自由時間進行一個喜歡的計畫，希望藉由這個計畫徹底改變員工的工作體驗。首先，我必須了解員工典型的一天——他們去了哪些地方、跟誰交談、如何與周遭的環境互動等。我想，如果我能真實描繪他們如何度過每一天，就能告訴他們如何改善時間安排的方式，為專注和反思創造更多空間。我想到一個點子，也就是在一小群人的脖子上掛一個攝影機，讓鏡頭告訴我他們的一天。

我想利用一種為阿茲海默病人設計的特殊相機。這種相機可以進行縮時攝影，每隔幾分鐘就拍攝一張照片，最後透過快速播放，觸發病人的短期記憶。這種相機很酷，但人力資源部門不同意我這麼做，甚至要求我別向任何人提到這個想法。然而，他們的否決只是讓我更加好奇我可能從中了解什麼。所以，我把相機掛在自己脖子上，掛了半個月，從早上起床到一天結束都掛著，包括開會、用餐、上下班以及哄孩子上床睡覺。

在這個實驗之前，我以為自己對每一天做的事情再清楚不過了。畢竟，一天能有多少事情要記錄？不就是起床、上班、開會、吃午飯、跟更多的人開會、坐在電腦前工作、回家、吃晚餐、跟孩子玩一下，然後上床睡覺。然而，每晚回顧的照片卻講述了一個完全不同的故事。當然，上面提到的那些事我都做了，但是我還做了其他無數的事。我接觸到的細節和訊息極多，乃至於在事情發生的當下沒注意到。回顧一天的經歷時，少了個人預設思維的過濾，我看到的一天更加豐富多彩。

我們的所做所為都基於個人預設思維，透過預設思維來了解每一天發生的事。這讓我們輕鬆過日子，但也為新的見解和經驗設下障礙。

殊不知把生活框限在這樣的單一模式中，會失去多少寶貴的體驗？直到用縮時攝影記錄自己一天的生活，我才瞥見自己遺漏多少真正有趣的東西。

你的個人預設思維不同於我們稍後將探討的實驗中的實際假設。個人預設思維不是不好的東西，只是這種假設若是掩蓋了好奇心的線索，讓你無從追尋，對你就沒有幫助。我把自己的預設思維想像成伸出到地面上的樹根，我得小心翼翼的跨越這些障礙，才能往前走。

我們都有一種衝動，想要去理解每天經歷的事情或將之歸類，「跨越個人預設思維」意指要抑制這種衝動。你不必將每一件事分門別類。每天碰到的許多事情其實是獨特的，值得你好好注意。如果能拋開給日常生活的種種加上框架和標籤的習慣，就能馬上看到其他的東西或是前所未見之物。現在，你的好奇心可以照亮這些事物，讓你好好看個清楚。

多年來，一直有人用另類的手法呈現莎士比亞的《馬克白》（*Macbeth*），顛覆我們的假設。《馬克白》的舞台可能是芝加哥的黑幫地帶、封建時代的日本、西雅圖的一所高中、精神病院、賓州鄉下，當然，也可能在未來世界。每次熟悉的故事以這樣或那樣的方式上演，都會讓觀眾放下假設，用新的眼光來看這齣戲。

一個週末，我帶兒子去一個禪寺學書法——這是他的九歲生日願望。以下是我們的假設：我們應該會和一位日本老僧上課。我們覺得書法是一項有趣的技能，就跟學習樂器一樣。我們問自己：**寫一手漂亮的字，會有多難？**我們以為學會了這個新把戲，回去就可向家人炫耀。

實際經歷是這樣的：在門口迎接我們的書法老師是一個中年美國人。一開始挺有趣，但老師嚴格要求我們一筆一劃都得依照一定的方式來寫，一再查看筆劃中的缺陷。這種書法練習其實是一種藝術和冥想的形式。整個週末，我們寫來寫去，只寫幾個字，一遍又一遍的練習，同時學習在運筆時控制呼吸，接受每一次嘗試的結果，不管是寫得更好或更差。回家後，我們把兩幅書法作品掛在牆上，每一幅只有七個字。我們最後了悟，在這個週末，真正學到的是耐心。

由於我們的假設和實際經驗截然不同，可能因此大失所望。但當我們發現現實與假設牴觸，決定不讓假設阻撓我們探索眼前的一切。我們知道自己的假設為何，跨越這些假設之後，我們共度了一段充滿驚喜和啟發的時光。

回想你曾用假設框定的一個情況，例如跟老闆會面、看牙醫或是親友聚會。接著，了解你的個人預設思維如何影響體驗。首先，列出你對這個情況的所有預設思維，可能是預期、偏見、隨意的刻板印象，或者只是你誤以為真實的訊息。

誠實的面對自己，列出的假設愈多愈好。

現在，針對每一個假設，問自己：這個假設是基於事實，還是你的看法？這個假設可能是錯的嗎？因為這個假設，我可能忽略了哪些新訊息？沒有這個假設，我的體驗會有什麼不同？進行這種假設與事實的查核練習時，就會看到你的假設如何阻礙自己。如果你能即時察覺並有意識的跨越這些假設，就能敞開心扉，讓好奇心引領你往前走。

你的假設如不加以控制，就可能完全壓倒好奇心。二〇二一年，德國基督教民主聯盟（CDU）在聯邦選舉失利，該黨領導人請我幫忙「政黨再造」。在梅克爾總理的領導下，這個政黨在過去近二十年獨領風騷。現在，他們有點不知所措，正在尋找偉大的洞見，以幫助他們在之後的選舉得勝。

儘管我沒加入這個黨，但同意與他們見面，因為我很想聽他們訴說該黨面對的挑戰。一番長談之後，我只有一個想法要跟他們分享：你們的好奇心消失了。民調顯示，多年來他們一直在老問題打轉，而掌握的訊息也都是舊的。他們的假設都是根植於舊資料，甚至已經僵化，不再尋找令人驚奇的新訊息，也就難以適應動盪的政治環境並取得成功。

我為該黨二十位領導人舉行一個工作坊，幫助他們就自己一無所知的事物調整思維方式，並開始問自己新的問題。

活動中，我請他們環顧四周，在會議室中找出某個能象徵未來的東西。有一個人選擇一張空白紙，因為這張紙代表未來大有可為。其他人也提出類似的例子，暗示放手或翻開新的一頁。你幾乎可以聽到多年來累積在他們腦中的個人預設思維裂解成碎片。他們離開會議室時已迫不及待用全新的角度來考慮眼下的處境。

如果你能跨越自己的個人預設思維，就能更接近你的好奇心。就是這麼簡單：認清假設的本質，努力超越，你就能向前邁進，有所發現。

用所有的感官探索

五種感官中的任何一種都可以讓你發現謎團，觸發好奇心。由於我們每天接收的訊息約有八成是透過眼睛獲取，所以自然而然會認為好奇心是由視覺激發。但是具有強烈好奇心的人會運用多感官層次的觀察力，辨識探索的機會，調查他們好奇的東西，讓自己學得更多、更深入、更好。

每一種感官都會為大腦提供關鍵訊息，使人深入探究問題，以獲得有用的答案，根據所學，適時調整。那麼，為什麼我們會如此依賴單一感官，不會充分利用所有感官呢？誠然，我們是視覺動物，視覺能提供最即時、可行的訊息，但每一種感官都能提供獨特的線索，綜合這些線索，就能帶給我們最豐富、最有意義的體驗印象。

譬如你在花園裡徜徉半個小時：你灑上萵苣種子，把土覆上。你聽到在向日葵中勞作的蜜蜂嗡嗡作響。你採摘覆盆子時，手臂被小小的刺扎到了。薰衣草拂過你的小腿肚，你聞到一股淡雅的香味。你瞥見一隻蜥蜴在綠葉茂盛的南瓜藤下乘涼。你咬了一口剛摘下的蕃茄。噢，好甜，果實仍有陽光的餘溫。

只消在花園裡待一下子，你就可以進入一個充滿感官刺激的世界，大部分的東西都在呼喚你來探索。花園裡的一切深深吸引了我太太安潔拉。那個世界既簡單又複雜，需要她不斷觀察、實驗和適應。她日復一日的回到花園，好奇自從上次離開後發生了什麼事，以及每天獨特的情況能讓她學到什麼新的東西。她形容自己是一個「種植者」，這個稱號非常貼切，因為她用所有的感官來了解和培育一個欣欣向榮的花園，同時在這個過程中獲得成長。

你或許會認為只有花園特別需要運用所有感官去探索。其實不然。想想你上次去看電影的經驗。巨大的螢幕、環繞音效，還有爆米花：白色蓬鬆的爆米花在販賣部的機器裡翻滾，散發烤奶油香氣，你從桶子裡抓了一把，發現爆米花還熱呼呼的，你把爆米花塞進嘴裡，愈吃愈順口。又如你去逛超市、去公司上班、去學校、去機場或是搭電梯，也會有這種多重感官體驗。在大多數的情況下，你通常會忽略很多感官接收到的訊息，因為你不需要這麼多訊息。然而，一旦提升感官靈敏度，就能敏銳察覺周遭事物，好奇心也隨之湧現。

我們究竟要怎麼做才能提升感官的參與度呢？從一次訓練一種感官開始。用單一感官來處理一次的經驗，如此一來，就能為你的大腦帶來完全不同的訊息。

例如在黑暗中用餐就是一種奇特又富有啟發性的方式，讓你的味蕾主導探索。自一九九〇年代以來，在世界各地都有「無光餐廳」，也就是讓客人戴著眼罩或在伸手不見五指的環境中享用餐點。饕客形容，即使菜餚很普通，味道也會變得更加濃郁，他們也會更加好奇一道料理到底用了哪些食材。嗅覺也變得更敏銳，因為他們的大腦在努力蒐集視覺以外的線索。

你也能利用這種方式來做實驗。準備一道你最喜歡的料理，蒙上眼睛，用這種新的「眼光」來探索。在享用這道菜時，注意是否有什麼新的印象或是腦海中冒出什麼問題。想出五個詞來描述你正在品嘗的東西。想想蒙著眼睛和張開眼睛用餐，這兩種吃法有什麼不同。你會吃得更慢，還是更快？更會注意到食物的溫度嗎？你下次是否會想要嘗試不同的烹煮方式？更簡單的練習是閉著眼睛吃冰淇淋甜筒或一塊熟透的水果。

你可以運用任何一種感官來做這樣的練習。用靜音模式看電影。在喝茶或喝咖啡前閉上眼睛，慢慢的深吸一口氣。用手背撫摸你的狗。散步時專注感覺聆聽周遭的聲響。在每一種情況之下，你至少會注意到一件原本不會注意到的東西，它會在你腦中盤旋，不斷挑逗你的好奇心，直到你忍不住去探索更多。

請注意，你追求的不是崇高的體驗，也不是震撼和驚奇。你只是希望多重感官能為你的發現增添一點深度和細節。你專注於單一感官時，絕對能遇到令人驚嘆的東西——看到一隻蜂鳥在窗外盤旋可能讓你屏息。但所有的感官細節都很重要，即使是最平凡的細節。此外，結果也沒有好壞之分。你能從惡臭學到的東西跟從芬芳的氣味學到的一樣多。

你在觀察時會接收資訊，並根據這些資訊建立連結和聯想。因此，你可以透過任何一種感官來仔細觀察一種情況，如觸覺或視覺。

我已經訓練好幾萬人，包括 Google 及其他公司的人員，指導他們利用視覺及其他感官，更全面的觀察週遭環境。例如，我曾與一個 Google 團隊合作，重新思考招聘和入職的過程。這是 Google 多年的痛點，問題主要在於規模（Google 每週有數百名新人入職）、儘快讓新員工融入團隊（Google 是個複雜的組織），以及幫助這些新人在公司內建立有效的人際網路（這是公司文化重視的要點）。

我鼓勵這個團隊設法接近在這個過程當中碰到困難的人（如招募經理、應徵者、面試官和新入職人員）。我要求他們在面試和入職培訓時蒐集有關這些新員工的資訊（在 Google，這些菜鳥的暱稱是「Noogler」，是由「New」和「Googler」二字組合而成），包括他們在不同的步驟看到什麼、說了什麼、聽到什麼以及有什麼感覺，也請他們在人員入職一年的期間內設立幾個查核點。我要求他們觀察每一個人的言語和行為，也根據各個活動的環境（能在其中看到或聽到什麼）來評估每一個狀況。這些觀察應該真確（因為基於實證證據）、非顯而易見（根據最新的多重感官體驗），而且具有啟發性（可一窺新人在想什麼或感覺如何）。

之後，我要求他們仔細看看每一個觀察結果，並探討所有可能的原因。他們把焦點從觀察的結果（發生了什麼）轉移到可能的原因（為什麼會發生），就會發現一百種富有創意的方式可以解決問題。

他們觀察到很有趣的一點：在入職活動之初，儘管同時入職的有幾百人，大多數菜鳥只會和八到十個人建立關係。Google 人員透過自己聽到的對話及新人肢體語言變得愈來愈自然等等線索觀察到這種關係的形成。為什麼？就像你在高中入學的第一個禮拜跟某個同學一起吃飯，接著都一起吃飯，直到畢業。同甘共苦使人建立深厚、長久的情誼。

了解這點之後，我們就可想出一些方法來支持關係的形式與延續。例如，我們重新配置入職會議的空間，擺放可容納十個人的長桌，而不是讓所有的人排排坐。我們也積極鼓勵他們建立人際網路，讓這樣的網路成為他們工作經驗當中重要的一部分。我們還推薦一些社群讓他們加入，如西語裔／拉丁裔網路（HOLA）、Google Pride（代表 LGBTQ+ 員工的員工資源群組）、Google 黑人員工網路等（Black Googler Network）。用多重感官來看這個主題，我們發現了非常多的點子和改善方式——這個練習實在多彩多姿。

你的感官會喚起情感、直覺和記憶。這就是為什麼感官經驗是好奇心非常重要的一部分。利用感官來保持好奇心活躍、旺盛。

改變你的思維模式
Change Your Mindstate

洗冷水

有人泡冷水浴，原因不一而足，有些人是為了身體健康，有些是出自心理因素，有人甚至是為了社交。就我們的目的，你可以純粹因為好奇而進行這個感官實驗。用不著像北歐人浸泡在冰水裡，也不必穿泳裝跳入冰湖、冰海或冰水池中。早上淋浴完，把水溫調到最低，沖個一分鐘即可。請注意身體的感覺，當然還有沖冷水當下和沖完後的想法。如果你覺得這種體驗很有趣，想要從中學到更多，可以試著持續一個禮拜，每天稍稍增加沖冷水的時間。

每一次，你的大腦都會告訴你不要這樣做。每一次，你都不知道確切的感覺會是如何，也不知當下和之後會有什麼反應。每一次體驗都是獨特的。水是一樣的，但你的反應會有所不同。這幾乎是一種純粹出於好奇心的行為。你可透過這個簡單練習突破自己的界限。

坦然面對未知

由於我們在小時候發現好奇心可能會帶來麻煩，於是開始壓抑好奇心，成年之後，好奇心也變得沉寂。例如，孩子看到「請勿觸摸」的警告提示牌時，必然會湧現好奇心，除了有幹壞事的快感，結果可能帶來尷尬、罪惡感，甚至是極度的痛苦。這種事情經歷多了之後，到你長大成人，就知道不能觸摸。

可惜的是，我們從這些經驗得到的教訓，會影響好奇心的表達。在我們的腦海中，好奇心開始和恐懼混雜在一起，我們因此會去避免一些無法把握的情況。這麼做確實可避免危險和不確定性，但也會阻止我們探索、學習和發現未來的可能性。

如何解開我們加在好奇本能上的束縛？

思考地平線的概念會有幫助。遠方的地平線看起來是地球和天空的交會處。這樣的地平線是自然、空間和科學的美妙組合，神奇、令人興奮。地平線也是個比喻，象徵知識、興趣與經驗的盡頭。這種地平線就不是那麼吸引人了。這就是為什麼用心良苦的父母會要小時候的你參加露營、學芭蕾舞或是上全法語授課的課程——無非是為了「拓展你的地平線」。

空間中的地平線代表未知的美麗、神祕。這條地平線在召喚我們！但是比喻的地平線則指向好奇心的盡頭。我建議把這些想法融合在一起，如此一來，你的地平線——你的知識、興趣和經驗——就不是終點，而是一個燦爛、無限的起點。這個地平線會帶你進入未知的領域，那正是你想要去的地方。

為什麼說「我不知道」會那麼難？我不想對別人說「我不知道」，以免覺得自己無知或無能。我們也不想對自己說「我不知道」，因為我們會因此感到脆弱或不安。真是可惜，我們竟然花那麼多時間和精力避免說「我不知道」，因為你往往會發現，當腦海出現問號時，其實是最好的時候。

害怕承認自己不知道的人往往也擅長逃避，避免面對自己無法完全掌握的情況。他們很少冒險走出自己的基本專業領域。世界因此變得很小。而那些能自在的說「我不知道」的人則樂於當一個新手。他們沒有界限、沒有固定路徑，沒有條框限制。他們活在一個更大的世界裡。

想像自己是未知之地的原住民。你在這片土地上漫遊，不確定會遇到什麼，但你相信自己能夠應對。你拒絕地圖和指示——反之，依賴直覺讓你興奮，也更加留意沿途所見。利用已知和未知來探索並豐富你的經歷。保持警覺、細心觀察，你的知識和能力就能每天有所成長。

要如何踏上未知之地？首先，主動將自己置身於陌生的情況中。你對這種情況一無所知，也沒有經驗，無法了解或適應。換句話說，把自己變成一張白紙。如果你完全不知道背後的歷史、指導原則，也不解其中脈絡，光是透過感知得到的東西就會帶給你很大的驚喜。

Google 在新加坡的全球營運經理莎拉・布朗用戴別人的眼鏡來譬喻。她解釋：「每一個人都戴著一副眼鏡，那是我們看世界的方式。我喜歡提出能刺激思考的問題，讓人戴上不同的眼鏡，體驗新的視角。他們會想，噢，**世界原來不一定是這樣，可能是另一種樣子。**」

儘可能跳脫自己的經驗。有一個簡單的方法是，去你不曾想過要去的地方，或許是國內的某個地方、或許是世界的某個角落。如果不能離開居住地，也可以參加完全陌生的宗教或文化活動，或是在你未曾接觸過的組織擔任志工。

我有個朋友曾在非營利組織當志工，幫助索馬利亞難民在他居住的美國中西部安頓。他對這些人的歷史一無所知——甚至不知道如何在世界地圖上找到索馬利亞。最初透過翻譯交流，後來這些難民學了英語跟他溝通。他傾聽他們講述家鄉的故事、如何來到美國，以及融入當地社會時面臨的挑戰。在協助難民的那幾個月裡，他沉浸在完全陌生的世界，他的同理心和韌力也增強了。

讓好奇心帶你探索未知，能帶來莫大的好處，價值無可估量。每次你去探索，就會更加適應環境。其實，你會想要一再踏入新環境。在那裡學到的東西，總會讓你發現自己擁有某種意想不到的潛力。

改變你的思維模式
Change Your Mindstate

火星漫步

我跟團隊合作努力尋找解決辦法時，常會建議他們停下來去散步一下，找尋靈感。只是去外頭走走，就有助於大腦從輸出想法的模式轉變為輸入創意的模式。

要從「我知道什麼」轉換到「我不知道什麼」，可以去火星散步。你甚至不需要離開座位就能做到這一點。你可以使用Google地球的Voyager功能，模擬在這個紅色星球漫步、爬上酋長岩或是與鯨鯊一起游泳。[3]你也可以上YouTube的虛擬實境頻道衝浪，站在巨浪上。讓自己置身於別處——一個非常不同的地方——可以改變你的視角，甚至使你完全分不清天南地北。

儘可能經常感到驚奇。在你驚奇的時候，平凡無奇的東西會變得特別，吸引各種有趣的事物進入你的視線。在驚奇之中，比較可能對周圍的世界感到驚訝。驚奇會使任何情緒的強度增加三倍以上，這就是為什麼恐怖電影裡有人突然從衣櫥跳出來時，你會因恐懼而心跳加速。這也是為什麼一些美好的事物讓你驚奇時，愉悅會湧上心頭。雷雨過後突然出現的彩虹、想念的人突然捎來訊息，這些都能為你帶來快樂的震顫。當然，驚奇是無法預期的——這就是驚奇的意義所在。但要花點心思注意驚奇給你什麼樣的感覺，以及這種感覺會持續多久。

觀看魔術表演時，第一個反應是想知道這是怎麼辦到的嗎？還是讓自己沉浸在魔法的驚奇之中？有時，你必須抗拒理性的衝動，才能接觸無法解釋的有趣事物。以太空為例。自古以來，人類就心懷敬畏和驚奇仰望夜空。不知有多少個世紀，我們想要明白太空裡有什麼、那裡是怎麼一回事。我們學了很多東西，但有更多不知道的。從某方面來看，我們在好奇心的引導之下，了解有關太空的新知識時，都會雀躍萬分。另一方面，想到太空浩瀚無垠，是我們永遠無法盡知的，同樣讓人興奮。重點是，宇宙是無法完全了解的，而我們是其中的一部分。

過去曾在 Google 服務的企業家喬恩・雷克里夫表示，好奇心驅使他不斷提出問題，也不怕答案會把他帶向何方。

Meet
the Future
Readies

你的未來嚮導

喬恩・雷克里夫

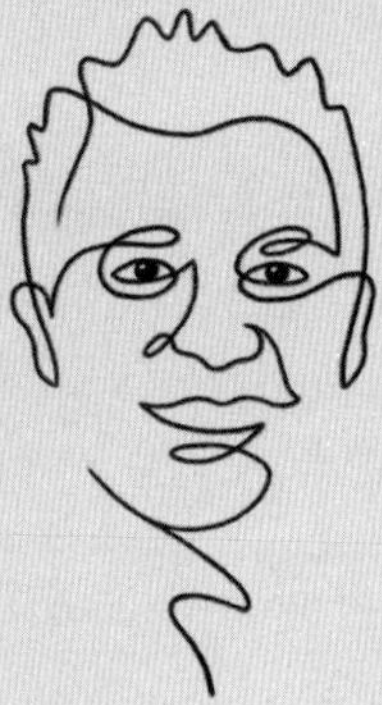

沒答案？沒關係！

我在二〇一五年離開 Google，創立自己的影音製作公司，當時想要創業的動機和今天想要成為企業家的原因截然不同。我當初以為會帶給我快樂的事情，跟現在真正讓我快樂的事完全不同。最初，我想向這個世界展示我的能力。我想做大事，賺大錢。但我不知道在發現對我而言真正重要的事情之前，會歷經多少痛苦。

我領導了一支約十人的團隊，但我發現我們一起做的事沒能激勵任何一個人，我沒能使他們對我們做的事感到興奮。當時，有一個朋友對我說：「不要老是要當最厲害的球員，你得當最厲害的教練。」他說的沒錯。公司已成立三年，我還是什麼事都自己來，一個人拿下所有的分數。我是英雄式的領導者，不是會賦權和激勵人心的領導者。儘管我招攬了這些聰明能幹的人與我一起踏上創業之路，我卻使他們不快樂。這種感覺很糟。

接著，我經歷了一場生存危機。我真心對自己發起靈魂詰問：為什麼我們的公司應該存在？如果我們沒創造出最好的產品，也沒能創造最好的工作環境和文化，這家公司存在的意義是什麼？我發現，公司領導者這個角色對團隊的幸福感和使命感有直接影響，而他們的心態與我的心態是相連的。如果我能調整好自己的心態，他們的心態就會跟著改變。

我努力思考公司存在的意義。我不得不問很多問題。我不確定自己會喜歡這些問題的答案。我發現的可能性指向與當初離開 Google 時的想法截然不同的結果，而我必須接受這點。不管學到什麼，我都必須一探究竟。

我的公司現在已有五十個人。讓我驚訝的是，每天我都從領導這個團隊得到很大的快樂。我們的文化會如此特別，不是因為我——而是來自組織中其他人，他們了解我們要去哪裡，然後帶我們去那個地方。即使是團隊中最資淺的人，也會在每次的討論中提出好問題和好想法，因此我們的產品得以快速演進、改善。

這個行業非常競爭，停滯不前就無法生存。我們的產品每年都得推陳出新，這就是為什麼我們對可能性的好奇心已成為公司成功的核心。你的公司可能連續八年都賺錢，但到了第九年，如果你失去好奇心，你的產品就會面臨成長瓶頸。

我相信，要保有好奇心，你必須隨時準備好投入大浪之中。我一直很景仰南非的戴斯蒙・屠圖大主教（Desmond Tutu），他是人權神學的先鋒，於是我在二〇一一年寫信到大主教辦公室：「您好，我在 Google 工作。如果有任何我能幫得上忙的地方，請打電話給我。」第二天，辦公室就有人跟我聯絡：「有件事，也許您能幫忙。」達賴喇嘛原本應該在三天後飛到南非參加屠圖大主教的八十歲生日慶祝活動，由於南非政府在政治壓力之下拒發簽證，無法成行。我們可能利用科技促成他們相會嗎？

當時 Google Hangouts（即時通訊和視訊通話應用程式）還在開發，於是我打電話給負責 Google+ 社群品牌行銷的戈皮・卡拉伊爾（Gopi Kallayil），看他能否幫忙。戈皮本人對靈性的追尋很有興趣。

儘管我和戈皮沒見過面，但我還是把他從熟睡中叫醒，聽完我的說明之後，他說：「你知道，這個不可能的任務需要一、兩天的時間。如果是奇蹟，需要再多一點的時間，也許三天。來做吧。」來自印度、南非、瑞典和美國的一群 Google 員工一起努力了六十個小時，終於完成這個不可能的任務。

此次慶生活動在西開普大學（University of the Western Cape）舉行。我們在這所大學準備了幾部筆電以及能提供穩定連線的電纜。遠在六千英里之外，另一位 Google 員工從新德里開了十二個小時的車到喜馬拉雅的山城，在達賴喇嘛的住所設置相同的通訊設備。儘管在活動開始前十五分鐘開普敦停電了，加上兩邊都有連線故障的風險，屠圖大主教和達賴喇嘛還是透過 Google Hangouts，以慈悲和兩人長久的友誼為主題暢談了一個小時。

全世界有好幾千人在自己的電腦上即時觀看這次重要的會面。雖然這在今天看來似乎不足為奇，在二〇一一年卻是驚人之舉。的確，這是一個奇蹟，奇蹟不是來自科技，而是源於好奇心——屠圖大主教、達賴喇嘛、戈皮、我，以及數十位 Google 夥伴的好奇心，才能完成這個瘋狂的計畫。只要願意問，不管碰到什麼情況，都有可能實現所想。

尋找問題

我們一提出問題，就想要馬上得到答案。（謝謝你，Google！）但對那些具有強烈好奇心的人，得到答案或是很快就能解決問題並不是重點。（抱歉，Google！）其實，問什麼甚至不是重點，提出問題才是關鍵。

爾文．史特勞斯（Erwin Strauss）是神經學家，也是哲學家，他將人類描述為「會問問題的動物」，因為人類的本能和提問的能力獨一無二。[4] 他還說，一個人提出的問題和他作的夢一樣都能透露內在的想法，因為他的問題和夢來自同樣蘊含豐富歷史、文化和社會的源頭。我們提出問題時，只是在表達一種有意和無意的渴望，也就是想要知道更多——換言之，我們在表達好奇心。

好奇心的精髓就是簡單四個字：我想知道。我想知道為什麼……我想知道，如果怎樣的話，會如何……我想知道盒子裡有什麼……我想知道這塊石頭下面是什麼……我想知道未來會把我帶往何處……。

每一個「我想知道」後面的刪節號就像引導你找到答案的糖果，前提是別讓這個想法溜走，不能像你常說「我想知道」結果卻往往不了了之。緊抓住這個想法，讓這個想法在你腦海中翻騰，帶你到奇異、美妙的地方。最後，你會發覺自己已走上一條通往許多答案的道路，而這條路甚至帶給你更多問題。你在這條路上邁出的每一步都是一個選擇。很多步意味很多選擇，也會讓你得到很多前所未有的訊息。所有創意的輸入都能擴大你的視野，發現更多的可能性。你可以從這裡開始想像、洞視你想要建立的未來。

二〇〇〇年我到加州大學長灘分校大學部當了一個學期的交換學生，就此愛上加州。將近八個月的時間，我睡在朋友公寓的充氣床墊上，一直在想如何能在這裡待久一點？最後，我不得不回德國，但在二〇〇九年，我在史丹佛大學找到一個研究人員的職位，終於回到讓我魂縈夢繫的加州。此時，我還不知道自己的職業生涯會如何發展，但我開始有在這裡定居的念頭。

有一天，我和安潔拉決定去 Googleplex ——也就是名聞遐邇的 Google 總部——參觀。我們走進迎賓大廳，問接待員這裡是否有我們可以參加的參觀團。她笑了笑，指著櫃檯訪客登記螢幕上的三個按鈕：面試、商務會談、社交聚會。她說，只有這三個理由可以進入園區。

我記得，當時我想按下面試按鈕。十一個月後，我站在同一個地方，跟另一位接待員交談，並在螢幕按下面試的按鈕。

在那十一個月裡，我想要的未來一天天變得清晰，不是我在Google 工作的情景，而是好奇心千絲萬縷交織起來的景象。

我在史丹佛設計學院教的一門課，要學生花六週的時間來尋找一個問題。在這門課的最後，我們設置了一個「問題室」，讓學生展示他們的問題並描述自己尋找問題的經過。一個學生的問題是：「如何用永續發展的方式來生產服裝？」這個學生同時展出五件 T 恤，每一件 T 恤旁都有一個牌子說明這件衣服的生產地點、參與生產的人數，以及製造過程使用的材料和化學物品。這幾件 T 恤生動的顯示，這些衣服的製造過程一點也不符合永續發展原則。

選修這門課的一個學生是個絕頂聰明的博士生。他告訴我，這是他上過最難的一門課，因為就他的問題來說，他無法思考可能的答案。

讓你的好奇心延伸你的問題，甚至讓問題超越現在，指向未來。如果你的問題和眼前的事物有關，你得思考如何擴展這個問題，使之包含更大的東西或是還沒發生的事物。第一次來到加州時，我問自己：**我想知道如何才能在這裡待久一點？**我延伸這個問題，進而問道：**我想知道怎樣才能按下面試按鈕？**後來，**我想知道，我要如何才能在這個最具創新精神的公司發揮影響力？**最後，我的問題是：**我想知道如何在這裡成家立業？**

改變你的思維模式
Change Your Mindstate

顛倒問題

有時要找到最佳答案，必須有足夠的好奇心，從完全不同的角度來提出問題。首先，看看你現在必須解決的問題。譬如公司主打產品連續好幾個月銷量停滯。你一直在質問團隊：我們要如何提高銷量？他們的回應很老套，不外乎從行銷下手、多打廣告、進行消費者研究等。現在，換個方式問：我們能做什麼來降低銷量？

問題一顛倒，大家就覺得很有意思，提出很多有趣而且富有啟發性的看法，甚至能指向你之前沒考慮到的問題，最後不只會找到你正在尋找的答案，還會發現一些讓你意外的答案。

試著把這種方法應用在你生活的任何層面。如果人際關係出了問題，問問自己：該怎麼做才會讓這段關係變得更糟？你很快就會發現某些行為或溝通模式是關係惡化的導火線。或者，你現在覺得壓力很大或很焦慮。問問自己：什麼會讓你覺得受不了？又或者你正為了一個棘手的問題苦惱，例如是否該接受一份新工作。與其問自己：我該接受這份工作嗎？不如這麼問：如果我拒絕這個工作機會，會如何？把問題顛倒有助於釐清一些真相和事實，而這些真相和事實往往無法從你認為自己該問的問題中發現。

好奇心一旦激發，就像最原始的需求或欲望，會成為一種強大的動力。這樣的好奇心會驅使你為了自己的滿足和成長，不斷探索、發現。儘管「滿足好奇心」是一種老生長談的說法，難以克制的好奇心永遠不可能得到滿足，會成為永無休止的學習和體驗之旅，讓你從內心深處向外擴展。

好心提醒你：保持好奇心需要勇氣。自古以來，我們的社會都對好奇心不以為然，因為好奇心會使人打破規則，或是提出讓人不安的問題。沒錯，好奇心對既定的秩序是一種威脅，可能使你抵觸當權者，甚至質疑自己的價值觀。但沒有好奇心，進步和創新就無法實現。

好奇心的路徑不是筆直的。這條路蜿蜒曲折，不時來個急轉彎，或是突然改變方向，也可能引導你走入死胡同和矛盾之處，使你誤以為找不到答案。正是這些經歷使好奇心成為一場偉大而且大膽的旅程。你在途中不斷拼湊線索，蒐集所有的靈感——你運用想像力把這些暴風雪般紛繁的線索與靈感，塑造成通往未來的道路。

你每天都能
發現機會嗎？

DO you discover opportunity
every day?

試試看
Try This

把這本書變成別的東西。把它當作工具。或是用它來寫歌。或者穿戴在身上。這本書不只是一本書吧？

Chapter 5
不停的實驗

持續不斷的實驗推動即時發現，
能快速反覆測試想法，持續驅使你朝向學習的方向前進。
你要尋求的不是偉大的頓悟，
而是許許多多小小的洞見——這些見解能引發新的想法。

我跟我老婆安潔拉第一次見面那天，我告訴她：「我們將有一段非比尋常的關係。」她莞爾一笑，問我怎麼能這麼肯定。我答道：「不知道，但我有這種感覺。」

後來，我想到一個問題：如何快速、明確的判斷一段關係的進展會如何。要了解一個人，通常需要一段較長的時間——就像是，約會！但我不想花幾個月或好幾年的時間嘗試，才發現自己看錯人。於是我有個想法，希望在關係發展的初期進行測試，看自己和對方是不是真正的一對。

我向安潔拉解釋我的想法，她起初用懷疑的眼光看著我，但她很喜歡「測試」的概念，覺得有個方法了解兩人關係可能會如何發展也不錯。於是，在認識一個月後，我們決定去一個兩人都沒去過的國家旅遊，就用這趟長達三週的公路旅行來探索我們的關係。我們沒安排任何行程，也沒計畫，帶著背包以及對這段友誼滿滿的期待就出發了。

我們很快就了解，在陌生環境中，一天二十四小時都黏在一起是什麼樣的感覺。我們發現我們倆都熱愛探索大自然、當地市場和美食。有一晚，我們好不容易攻克難走的山路，學會在精神和體力上互相扶持。即使又累又餓，兩人依然能夠開懷大笑。到了這次旅途的終點，對我們倆來說最重要的是：知道無論碰到什麼樣的挑戰，我們都能一起面對，想辦法解決。

的確，從傳統關係發展的標準而言，這種經驗頗不尋常，但這長達三週寸步不離的行程對我們來說是非常寶貴的實驗。基本上，這是兩人關係的原型，可以從中判斷我們是否適合在一起，以及這是不是我們想要的。事實證明，我們相處融洽，這正是我們想要的——基於那次實驗的結果，我們建立了非比尋常的關係，並在二〇一〇年結為連理。

在所有準備好面對未來的面向中，不停的實驗是最有目的性，也最具有行動導向。你不只是在思考某件事，而是在實際行動。所以，這也是最容易強化的面向，對吧？就像去健身房——你決心要做，定期去做，經過一段時間之後，肌肉就會增加。

在某些方面，確實是如此。很像一種可以積極養成的好習慣或行為，顯然能帶來好處。但對某些人來說，可能終其一生都會刻意避免實驗、或在潛意識裡不想這麼做，因此可能是最難培養的面向。

兒童與生具來就有探索和實驗的本能。起初，我們在探索的過程中並不怕障礙。長大之後，這種喜歡實驗的本質逐漸被恐懼抑制——對危險或痛苦的恐懼、對無知的恐懼，或是對失敗的恐懼。兒童喜歡實驗的這個面向打從一開始就受到壓抑，大抵是父母及其他對孩子有影響力的成年人造成的。我知道為人父母最重要的責任就是幫助孩子生活，但在保護他們的過程中，我們會在無意中教他們避免不確定或不安全的經驗。結果，他們長大成人之後就忘了**實驗**。

我要告訴你：通往未來的道路是由實驗鋪成的。無數、無盡的實驗，小型的、無聲的、看不見的實驗，以及巨大的、大膽的、聲勢浩大的實驗。太多人認為實驗是科學家或創意人士的事，其實，實驗是一個極其強大的工具，每一個人都可以利用，不一定要穿著白色實驗袍。最後，實驗就是每一個人在現今的困境獲得突破、發現未來可能性的方式。[1]

實驗是最首要的一種思維方式，傾向於行動，而非靜止，偏好未知，而非已知。實驗需要對經驗抱以開放的態度，這是準備好面對未來最基本的面向，還需要一定的好奇心，以激發興奮和想像。

假設你發現自己在一個完全陌生的房間。在這個房間裡，有一扇關著的門。你會左顧右盼，等某個人允許你開門嗎？你會等有人從外面進來嗎？還是你會直接開門看看門後有什麼？毫無疑問，行動導向的探險家會立即伸手去轉動門的把手。如果發現門鎖上了，還是會想辦法把門打開。有些人則受限於缺乏好奇心（誰在乎門後有什麼？）或是恐懼（萬一門後有什麼不好的東西，該怎麼辦？）如果一個人具有實驗的思維方式，就可以在每一扇關閉的門後看到機會和潛力。

實驗為什麼困難？

一個原因是，我們的大腦有節省能量的傾向，因此我們會依照過去做過、有效的解決方案去做，不想嘗試可能具有挑戰性的新方法。即使我們知道熟悉的東西不一定那麼好，依然會緊抓著這些東西。我們每天決定維持現狀，不想尋求新的、可能更好的體驗。在我們的一生當中，我們會進一步限制自己，什麼也不想做，只想依附虛假的安全感。

反之，如果你每天所有的決定都是為了避免熟悉和習以為常的行為呢？你很快就會發現，你經歷的一切大多能帶給你驚喜。我相信，你也會對這種發現的快感有點上癮。

我們對實驗敬謝不敏的另一個原因是害怕失敗。我們往往假設實驗的目的是成功，因此打從一開始就把門檻設得太高。對某些人來說，對失敗的恐懼已讓他們麻痺，因此什麼也不想嘗試。多做多錯，不做不錯，對吧？其實，實驗的目的不是成功，實驗只是為了學習。每次你嘗試新事物，就能學到新東西。如果我們把對實驗的認知，把焦點從成功轉移到學習，你將更願意去探索各個層面。

實驗讓我們卻步，因為我們不想失望。如果我去一家新餐廳吃飯，結果不如預期，怎麼辦？還是去常去的餐廳好了（而且每次都點同樣的菜），以免踩雷。更好的問題是：「去新餐廳吃飯可能給我帶來什麼樣的樂趣或心得？」如果你把焦點放在機會，就不會害怕失望。

多年來，Google 都會進行一項名為 Googlegeist（這個單字是由 Google 和德語的 Geist 二字組合而成，Geist 是「精神」、「靈魂」的意思）的年度員工調查，以了解組織的脈動並蒐集員工對公司使命、領導力、全球公民的身分、參與度、薪酬和工作滿意度等諸多方面的真誠意見。將近九〇 % 的員工參與 Googlegeist，以員工調查而言，這樣的回覆率實在相當高。

結果公布時，得分最低的三個方面會特別標示出來，公司鼓勵每一位員工（不管職務或工作地點為何）和他們的團隊在接下來的一年進行實驗，看如何做出有意義、可以評估的改變。有一年，Googlegeist 的結果顯示員工身心健康分數不佳，這代表有人即將離職。Google 的內部課程 gPause 應運而生，這個名稱是 Google 的 g 加上 Pause，也就是「暫停」的意思，希望員工暫時停下腳步，透過正念和冥想，紓解壓力。這種做法已成為 Google 的重點計畫，遍布世界各地的 Google 辦公室皆已採用。你必須真正不怕壞消息、不擔心會失望，就像 Google 面對 Googlegeist 調查結果，並設法解決問題。

那麼，你要如何抵抗自己對實驗的偏見，重新學習，像孩子時那樣無所畏懼、不斷進行實驗？你必須徜徉在可能性、測試、原型設計的領域，願意承擔風險並學會放手。

如果這樣，會怎樣？

實驗是一種刻意的行為，致力於探索無限可能。每一個實驗都迫使你朝向未知前進。這就是實驗的美麗和刺激。同時，你每走一步，就會看得更加清楚，對準目的地前進。即使你只是為了新的視角進行實驗，也擴大了從不同角度看世界的能力。每次這麼做，你都能獲得更多一點創新的潛能。

兒時，我很愛待在爺爺的車庫。爺爺在那裡存放了很多零零碎碎的東西，成了我做東西的材料。即使年紀還小，也發現這個古怪的地方是我的創作天地。我一直很喜歡實體空間，研究一個人所在的環境會有什麼樣的影響，尤其是共享空間造成的影響。

我在 Google 工作的早期，有一個讓我驚訝的發現：儘管員工有很多遊樂的空間（還記得那些球池和桌上足球檯？），卻缺乏可以讓人想像和實驗的工作空間。Google 支持員工用二〇％的時間研究自己有興趣的計畫。我與四個對創意空間感興趣的人討論，一起思考如何創造一個對實驗友善的環境，以幫助員工進行自己的「二〇％自由時間」計畫。

公司批准之後，我們自己也進入實驗模式。如果我們根本不設計這樣的空間，而是觀察員工如何定義這個空間的使用方式呢？我們用白板紙做了有輪子的桌子，方便桌子四處移動，讓人在這桌子上書寫、交換想法。有人說他們對 3D 列印和雷射切割很感興趣，我們就把這種技術納入空間。有一天，我們在這個實驗友善空間擺放一台縫紉機，看看會怎樣。沒想到大家都搶著用！

我們想要精簡、快速的嘗試。我們設置縮時攝影機來觀察各個區域的使用情況，然後進行調整，汰除沒有用的東西。在兒時經驗的啟發下，我建議大家去垃圾回收場找一些汽車零件回來，擺放在我們叫做「車庫」的地方。結果，這個「車庫」成為 Google 園區中最受歡迎的腦力激盪地點，我們在這裡討論、舉行演講、音樂會等，讓創造社群在此聚會、交流。

我不想說我們在「創造」這個空間，因為這個空間是自己形成的。我們想要做的只是想辦法消除**生成想法**和**實現想法**之間的摩擦，讓員工得以把自己的想法變成原型，踏出邁向創新的第一步。通過對實驗空間的實驗——我承認這麼說根本是在自我指涉——我們發現混沌與秩序的生動平衡，也激發了最棒的冒險挑戰。我們了解人喜歡觸摸東西，把東西移來移去，甚至打破東西，為的是從中學習。因為空間是流動、靈活的，沒有人會老是待在同一個地方，做同樣的事。

我們的「車庫」已經成為環境影響創新的模範，乃至於很多組織請我為他們複製類似的創新空間。儘管環境對鼓勵實驗很重要，但只是創造一個創新空間不會使創新出現，正如把畫筆放在一個人手裡，並不會使這個人成為畫家。引爆創新的地方就在你兩耳之間的那個空間——你全心投入的心態，會為創新搭好舞台。

大多數的人認為創新始於一個好想法，其實創新通常始於一個好問題。如果我們不會產生任何廢棄物呢？如果我們拋棄「正常」的晝夜節律，不管白天或黑夜，在一天當中的任何時間吃飯、睡覺、工作呢？如果這個世界沒有國界呢？

你上次大聲提出這種瘋狂的大問題是什麼時候？孩子總

是會問一些大膽的問題。他們沒有束縛，經常提出各種疑問：「如果這樣，會怎樣？」天生有遠見的人永遠不會失去這種看世界的方式。他們不顧可能被認為幼稚的風險，提出一些開放的大問題，挑戰現狀，並激勵他人思考什麼是可能的。

改變你的思維模式
Change Your Mindstate

門

環境對實驗心態來說非常重要。然而，只有極端的環境會引起我們的注意。

為了把焦點放在環境的微妙之處，在你即將走過一扇門時，停留一下，然後深呼吸一次。在你穿過那扇門後，特別注意在進入這個空間時你的感覺出現什麼樣的變化。光線、溫度或環境的聲音是否引起你的注意？空間的擁擠和寬闊的程度呢？在這個練習當中，門只是提醒你停下來，讓你知道自己即將有不同的體驗。接著，反覆琢磨這個想法，過了一段時間，在從一個空間走到另一個空間時，你就不需要門來刺激或提醒你了。在你離開一個空間進入到另一個空間時，你會發現新的東西，這樣的發現有助於減少對實驗的擔憂和其他障礙。

二〇一六年，美國太空總署（NASA）派人來 Google 找我，與我進行一場「十倍思維」的會議，希望透過密集的腦力激盪，讓某一個問題能改善十倍，而不只有微小的增進。因為接連好幾年，華盛頓方面對他們的支持已經減弱，這個機構正面臨嚴峻的挑戰。自 NASA 成立至今，已近六十年，首次沒有載人太空任務。他們擁有世界級的太空人和科學家，還有價值數十億美元的設備，但沒有訓練計畫，也沒有飛行任務。在我看來，他們似乎為了創新火花的消失而沮喪。

他們來 Google 創新空間——也就是我們的「車庫」——參觀，是希望此行能讓他們的主管們、工程師和設計師有機會和 Google 合作，重新點燃他們的創造力，並思考哪些挑戰是他們可以運用自己獨特的能力解決。NASA 和很多組織一樣，擁有龐大的財務資源和基礎建設來進行創新，但已失去全盛時期的好奇心。他們選擇一個與太空無關的主題來開研討會——也就是重新構想城市。

七〇年代建造的穹頂建築和《地球太空船》（*Spaceship Earth*）紀錄片給他們啟發，讓他們想要探索如何在地球創造一個自給自足的環境，以推想如何在火星上生活。他們繼續思考其他「如果這樣，會怎樣」的問題，包括減少人類在火星旅行的孤獨感，促進平民太空旅行和重新設計火箭，好方便起飛和降落，讓太空旅行更具有可持續性。看到他們重新發揮好奇心的力量，再次思考登月等級的壯舉，真令人興奮。

遺憾的是，大多數塑造我們的機構——如教育部門、政府組織、公司企業等——一直要我們提出確切的答案，並報告短期的進展，而非給我們時間探索大問題。然而，要發現新想法，我們必須讓問題和實驗引導並忍受痛苦的過程。我們不知道長久之後這些問題會帶我們到何處。但問題點燃我們的樂觀，而從問題引發的實驗帶來創新突破時，原本無可想像的事就會成真。

尋找安全區

不只對失敗的恐懼會阻止我們進行實驗。很多人不敢提出大膽的問題，更別提冒險尋找答案，因為害怕他人的反應，像是嘲笑、尷尬的沉默、譏諷、拒絕或是更糟的後果——你可以問問伽利略。關於團隊動力[2]，很多研究顯示，高效團隊的成員往往能安心表達自己的意見或憂慮，並分享自己的想法。若是擁有這種程度的心理安全感，就能更有自信的說出自己的想法，也比較敢冒險。

能覺得自己有實驗的自由且得到支持，需要同樣的安全感。從實驗學到的東西可能很混亂。把事情弄得亂七八糟，乃至遭到批評——沒有人希望這樣。[3] 但知道可以大聲的把自己的想法說出來，或是在眾人面前嘗試不尋常的事，就能增加實驗意願。

皮克斯動畫工作室（Pixar Animation Studios）是一家非常重視心理安全感的公司。該公司認為無法坦誠交流會導致平庸和機能障礙。工作室創辦人早期就決定定期召開所謂的智囊團會議（Braintrust meeting），讓皮克斯電影製作團隊利用這樣的會議解決目前碰到的問題。智囊團會議最重要的特點就是完全坦率，在一屋子熱情的創意人面前，可以想像有些意見可能讓人無法消受。

自皮克斯成立以來的三十多個年頭，這個智囊團會議已成為他們開發過程的基石。電影製作人不會因為同事真誠的回饋意見感覺受到威脅，反而用這樣的意見來克服創意的盲點或敘事障礙。這個做法成效會這麼好，一個原因是所有的討論對事不對人。他們看待問題的方式，就像一群修車師傅站在打開的汽車引擎蓋旁，想要找出引擎咔噠作響的原因。每一個人都拋開自尊心，只想知道：「要怎麼做才能解決這個問題？」

在其他會議，直言無諱的批評像是一把刺入你心臟的刀，但在智囊團會議中，這樣的意見卻是你重視和信任的人給你鼎力相助。這種安全感對實驗心態非常重要。這不只適用於群體，在你的內心世界，你也需要這樣的安全感。不知有多少次，你考量不同的做法，然後又說服自己放棄。我們很少允許自己超越常規，而是傾向從別人那裡獲得認可，但他們往往會說服我們放棄那些「瘋狂的想法」。

我們周遭的人會保護我們、讓我們免於遭受錯誤選擇的後果。他們是好心才這麼做。但這樣不會讓我們更安全，反而會讓我們沒有信心，不敢嘗試新的事物。如何在你的腦海中、你的家庭以及你所屬的各個社群，創造一個讓你放心去冒險和嘗試的環境？

多年來，我一直想要找到這個問題的答案。在少年時，我曾經有個想法，認為在不同的地方生活、嘗試不同的工作，就能發現自己的興趣和長處。儘管父母認為這不是好點子，我還是把這樣的實驗當成個人不得不做的事。我認為測試今天的我將能塑造未來的我。我父母說這是沒必要的冒險。這麼說沒錯，我自己也很不安，特別是知道自己將在沒有安全網的情況下行動，例如在我甚至不會說當地語言的情況下去海外工作。

雖然他們不怎麼支持我的自我探索計畫，但他們做的一件事讓我在投身於未知時仍保有安全感。他們對我說：「無論如何，你的房間會保持原樣。萬一事與願違，你隨時可以回家。」

這就是我說的，在你腦中創造一個你覺得可以安全實驗的環境。找到深層的自我肯定——以我來說，那甚至是我可以清晰想像的——讓我在繼續前行時覺得安全，不管別人提供多少有道理的理由勸我回到傳統的路上。我多年在國外闖盪，我父母關心我、提供這樣的安慰，讓我知道家是永遠的避風港。這不僅幫助我達成目標，也讓我得到需要的安全感，讓我在一生中敢於實驗。

時間快轉到二〇一〇年，那時 Google 想要設計一個支持領導力和創新的學習環境。我是這個計畫的應徵者之一。我在近四個月內接受了十四次傳統面試，最後的挑戰是設計一個可規模化的學習體驗，參與員工多達一萬人。考慮到 Google 這家公司和這個工作的性質，我覺得有必要用一種獨特的方式來進行。我決定用錄製一段影片來展現構思、原型設計和提交解決方案的過程。

我用一星期的時間，用縮時攝影製作一段影片。影片中的我穿著不同顏色的 T 恤，代表不同階段的我。現在回頭看這段影片，我覺得自己就像一個不眠不休的瘋狂科學家。有一次，我發現衣櫥裡每一種顏色的 T 恤都穿過了，只好跟我老婆借其他顏色的 T 恤。儘管我知道 Google 員工可能對這種方式不以為然，我還是坦然的進行這個實驗。結果，Google錄用了我。

對於與你合作的團體來說，你也必須優先考慮他們的安全感。當然，你必須公開支持他們參與實驗，並在你的家庭、團隊以及你所屬的組織大力倡導。不管你在哪裡，最好的倡導方式就是親身示範——支持實驗而且自己嘗試。

在實驗時，你踏出的每一步都能增強信心。其他人看到你一邊實驗一邊學習，就會開始相信你開闢的道路，你會更有前行的動力（他們也可能因此受到鼓舞，開始嘗試一些新的實驗）。在史丹佛，每一個學期開始時，我們會使用一個創意能力評估工具，來測試學生展示未完成作品給別人看的時候是否會焦慮不安。我們總是在學期初發現學生很緊張，如坐針氈，經過一段時間之後，他們就比較能自在的公開分享原始的想法。他們漸漸了解蒐集和提供早期回饋意見的價值，也知道這些意見對他們做決定很有幫助。我們在學期末再次評估時，他們變得自信多了，由於能力增強，也就有勇氣大聲說出自己的實驗。

紀良育是前 Google X 體驗總監，曾經歷緊迫的產品開發階段，對實驗如何創造動力，他有深刻的體會。

Meet
the Future
Readies

你的未來嚮導

紀良育

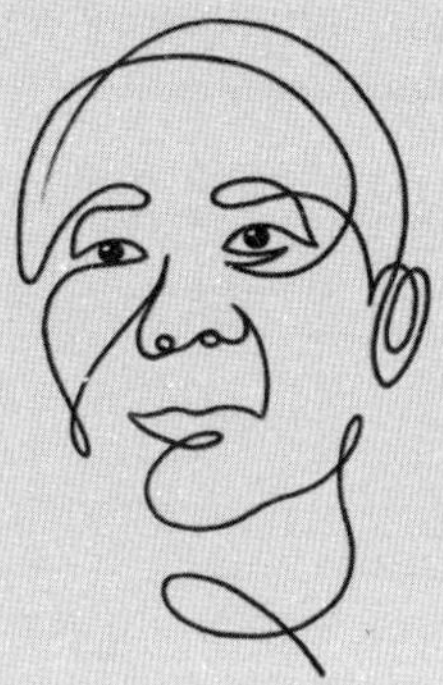

玩轉實驗遊戲

我生於台灣，兩歲時隨家人移民美國。在接下來的幾年裡，我學會一些中、英文詞彙，但沒有人特別教我語言，所以我剛上小學時，幾乎不會說話。在沒有語言的情況下，我透過數學和圖像看這個世界。在接下來的幾年，我慢慢學會了語言。現在回想起來，我有一段異常漫長的時間不會將語言的抽象概念運用在生活中。結果，我從幼年開始，就用視覺的方式來看問題，並嘗試用實作而非概念的方法來解決問題。這對我的職業生涯影響深遠，因為我發現，如果語言和抽象概念跟你想要創造的東西在細微方面無法契合，你可能不知道要如何做下去。我做過很多東西，也教別人怎麼做，我發現數字和圖像通常能更接近你想要做的東西。

我開始進行一項計畫時會說：「好，今天你們在這裡，而那是你們希望能在未來到達的地方。」但你不知道如何從這裡到達那裡，你擔心走錯路或在半途迷路。所以，我們必須像玩遊戲一樣把計畫拆解開來。

譬如我給你一個骰子。如果你擲出六點，你就贏了，我得給你一百萬美元。這遊戲很酷吧？但是如果你擲出的不是六點，你就輸了，你要給我一百萬美元。現在，你不想玩了，因為失敗的風險和代價太高了。

好，換個方式來玩。如果你能擲二十次呢？如果你擲出六點，你就贏了。但這二十次若完全沒擲出六點，你就輸了。這時，你可能會想：「好吧，我想玩。」我說：「太好了，有進步了。」你原本認為必輸無疑，現在覺得可能有希望贏。但你擲了十七次或十八次，還沒擲出六點，你開始緊張了。

如果你能擲一百次呢？如果你有一百個機會，可能在擲第二次、第十七次、第五十一次，或是某一次擲出六點。現在，你信心大增。你知道嗎？這正是你現在玩的遊戲。

從現今這個出發點到你想要到達的目標，如果要贏，你必須嘗試一定的次數。唯一會輸的做法，就是什麼也不做。如果你採取行動，你要不是能解決問題，就是會知道這條路行不通以及為什麼行不通。無論是哪一種結果，都是一種勝利，因為只要你繼續嘗試，總是會比原來的情況更好。你只需要不斷的擲骰子。

在 Google Glass 計畫的第一天，我告訴團隊，我們每週都得做出十五個硬體原型機，一連做十週。我們團隊有三個人，因此每一個人每天都得做出一個原型機。由於實驗速度極快，團隊成員不會過於依賴特定的實驗結果，因為他們知道明天還有新的實驗。這讓他們得以客觀且順暢的做完一個個實驗。

可惜這個計畫的領導團隊沒這麼開放。他們從一開始就被某些想法——也就是他們自己的猜測——困住了。我們提出的發現與他們的想法相左時，他們會說：「回去再試一次。」我想，你們明明看到實驗結果一團糟，卻不想嘗試別的做法，而是要我們繼續做那個行不通的東西。這樣不能學到東西吧？

不管哪一天，我可能聽到我的團隊說：「這是我們今天要做的三個實驗，」領導團隊卻說：「我們兩個月前討論的 XYZ 呢？」我的團隊以驚人的速度做出實際數據，領導團隊卻堅持他們的推測。有一次，他們說：「我們為什麼不繼續做 XYZ ？」我說：「我們已針對那個想法徹底測試了三個禮拜，實際數據顯示那樣行不通。」我們提供大量數據給他們作為決策參考，他們依然固守自己的框架，不相信自己是錯的。

我從這個經驗學到的東西可歸結為三個有關實驗的心法：

① 推測變成實驗，而實際數據變成決策。

② 依附某一個想法是創新的敵人。

③ 特異是創新的朋友。

特異與如何定義實驗的成功有關。我們常會特別注意實驗是否受歡迎。如果別人不欣賞我的實驗，那就失敗了。如果其他人覺得我的實驗很棒，我就成功了。好吧，假設每一個人都稱讚我的實驗，但若是這個實驗不特殊，我就不會知道下一步該怎麼做或如何改進。

例如，我測試了一個原型，使用者說：「嗯，這東西很棒。」如果不進一步探究他們喜歡這個原型的哪一個特點，就不知道他們特別喜歡使用經驗的哪些部分，哪些則讓他們不滿意。這是你必須得知的重要訊息。一個原型的特殊之處也許不是受歡迎的主因，但可以讓你清楚下一步該怎麼走。特異創造前進的動力，而這動力就是實驗的整個目的。

離開 Google 之後，我開了一家顧問公司，傳授快速實驗和原型製作的要訣。後來我又成立了一家創投公司，投資那些「幫助人類對自然有正面影響」的公司。我們投資的目的是徹底改變人類和自然的關係，減少工業經濟對自然的負面作用。例如，我們資助一家開發蜜蜂疫苗的新創公司，以消滅會殺死大量蜂群的病毒，以防蜜蜂在地球上消失。我明白這個現實，我希望實現的目標可能在我有生之年仍無法達成。但現在，我已和這些公司共享實驗學習。我相信這些公司在未來大有可為。這是非常有趣的工作。

測試、設計、原型、重複執行

實驗是為了未來的願景，測試你對這個願景的實際假設，知道什麼可行、什麼不可行。確切的說，實驗能幫助你達成這幾點：

✓將意見轉化為事實
✓證明或推翻你的假設
✓發現使用者讓你意想不到的特質或偏好
✓做出更明智的決策
✓用數據講述你的故事

測試和原型設計基於一個前提：在實驗中，沒有失敗，只有學習。測試和原型設計能使你的學習速度最大化——簡單來說，你嘗試得愈多，學得愈多。測試讓你迅速蒐集數據，以決定是否該調整一個想法、繼續進行，還是放棄。原型設計揭示兩個關鍵資訊，讓你在投入過多資源前得以確認：這個想法是否具有吸引力，以及是否可行。簡而言之，測試和原型設計是一條從「未知」走到「確知」之路。

怎麼做呢？要進行快速實驗迴圈。首先必須確認你「信念飛躍」*的假設，也就是你認為這個想法會成功最關鍵的**實際假設**。所謂的實際假設，是指在實際的情況之下，你認為某件事情將會如何運作。接著，用最少的必要資源進行實驗，測試你的假設。在評估結果時，記錄你的假設是否成立，觀察是否有任何出乎意料的事或是任何新發現，然後決定是不是要調整方向，改變想法、或是依照原來的想法繼續實驗。

測試一個想法時，你得嘗試許多不同的方法，迅速進行一連串的測試，以得知哪些行得通，哪些行不通，然後把學到的東西應用在後續的測試中，進一步改善你的想法，甚至砍掉重練。但是，你必須做的第一件事就是提出**你的**假設。

一般而言，我們的世界觀是由數以百萬計的假設所組成。

---

*譯注：信念飛躍（leap of faith）指即使缺乏充分證據或不確定情況為何，基於信任或強烈的信念做出的決策或行動。

這些假設是基於過去的經驗累積而成。與其對發生在我們身上的一切做出直覺反應，我們會透過這些假設過濾每一次經驗，選擇如何反應。在日常生活中，我們很少測試自己的假設，一個原因是這樣做很花時間，另一個原因是我們可能會發現一些自己不想知道、不想看見的事實。

測試不像試穿鞋子。你試穿一百雙鞋，最後找到最合腳的一雙。你要尋找的不是證實自己假設的證據，而是判斷這些假設的真實性和價值。你必須有心理準備，你的假設可能站得住腳，也可能錯得離譜，不管如何，你都得接受。然後，轉向下一個假設，你要不停的測試、測試，再測試……有時甚至需要徹底顛覆你的假設，倒過來思考。創新過程都必須經歷這種嚴謹的實驗探索階段。

改變你的思維模式
Change Your Mindstate

M&M&M&M

你常常挑戰自己的假設，而且從中學到東西嗎？下面的實驗可能會帶給你啟發。

準備兩個罐子和一袋M&M巧克力。在罐子上貼標籤，一個貼上「假設」，另一個貼上「學習」。每當你測試一個假設，就將一顆M&M投進「假設」的罐子。測試之後，根據你從中學到的東西，把相應數量的M&M投到「學習」罐子裡。然後觀察罐子裡巧克力增加的情況，特別是「學習」的罐子。

以我自己的經驗為例。我得去銀行辦事，但我不想利用銀行的免下車服務窗口，因為我覺得直接走進銀行比較便捷。我決定測試這個假設，於是開車去免下車服務窗口。由於前面有兩台車，我得等一下。後來，我發現使用免下車服務窗口的確比直接走進銀行多花幾分鐘，但我也發現，在等待的時候，我可以很快打個電話，在車上聽音樂，而不是聽銀行大廳播放的背景音樂，還可以繼續享受剛才在路上買的熱咖啡。於是，一顆M&M投入「假設」的罐子，三顆投入「學習」的罐子。叮！

你在測試時，會把有用的經驗付諸實踐，然後繼續測試。就像棒球打擊者每次上場打擊，無論是被三振、保送，還是擊出安打，都會蒐集投手的資訊（例如投出什麼類型的球、投得好不好等），然後在下一次打擊時調整自己的策略。當然，每次打擊者上場時，投手也在蒐集打擊者的資訊（例如他揮擊出什麼類型的球、有沒有耐心等等），並根據這些資訊調整對策。雙方在一場比賽中可能進行七到八次這樣的測試，第二天再從頭來過。

就本質而言，測試是在通往未來的實驗道路上進行許多小而頻繁的冒險。邁出第一步可能很難，所以讓這一步變得可行非常重要。如此一來就可減少思考和行動之間的障礙。例如，我的家人曾經討論過如何透過永續農業自給自足。我們知道這是一個雄心勃勃的計畫，可能會讓我們覺得壓力很大或感到氣餒，因此我們先建了一個小溫室，了解哪些植物適合一起種植、以及什麼時候種植。

踏出這小小的第一步，就能立即產生動力。一旦你對持續測試的模式愈來愈上手，就會發現自己能夠更快速且更客觀的進行測試。每次測試的心得可能讓你的想法變得更好，讓你想要改變，或是決定放棄，這取決於你所學到的東西。

曾在 Google 服務的喬恩．雷克里夫（Jon Ratcliffe）目前經營一家「讓我們試試，看會發生什麼事」的媒體公司。他說：「我們每年大約進行十萬次實驗。對於每一段影片，我們會做上百次的迭代，探索所有的變數。開發人員把大量時間和資金灌注在這些測試上，因為我們知道能從中得到意想不到的寶貴訊息，並運用在其他方面。他們對自己的實驗過程充滿信心，因而能靈活應變。」

如果把測試比喻為班上那個腦筋厲害的書呆子，原型設計就是那個十項全能的才藝高手，是體育健將，會演戲、也是爵士樂隊的成員。原型設計本質比較偏向設計導向，實際測試你的願景，如某個產品或流程，讓你看到要打造的東西可能會是什麼樣子，如何運作（或行不通），以及你是否熱愛這個計畫，因而願意繼續探索。

原型設計和矽谷流傳已久的心法「快速失敗」有關，也就是迅速且反覆的使用原型設計來發現概念中的缺陷或弱點，或證明這個概念根本沒有價值。然而，實驗是關於學習，不是關於失敗，原型設計能幫你找出有意思的想法，並以一種真實、具體的方式探索，在當下得知哪些是可行的，哪些不可行。所以，你不是「快速失敗」，而是「快速學習」。

我把原型設計想成是一種持續的對話。你提出你的概念，蒐集即時的回饋意見，做出調整，然後再次提出和討論。這個過程會一直持續，直到證明你的概念可行或不可行。最終，如果你想把某樣東西推向世界，你會希望馬上啟動關於這個東西的對話，以思考無數的可能性。

在史丹佛，為了介紹原型設計的本質給學設計的學生，我們會給他們紙張和黏土，讓他們在十分鐘內創造一個遊戲。他們通常會提出幾條遊戲規則，使用這些材料來表達遊戲的機制，甚至可能製作影片來說明玩法。透過這種非常基礎的原型設計，他們可以開始理解自己的假設，而且可以很快發現自己的哪些想法可行，哪些則是有問題的。

你必須不斷思考你的原型在測試哪些假設，然後把這些假設縮小到最關鍵的部分——你的「信念飛躍」假設。例如，你有一個想法，想要設計一張漂浮桌，以徹底擴展「隨處工作」的概念。你認為這是絕佳的點子，只是不確定一般人是否喜歡在這種桌子上工作。原型設計可以幫助你快速驗證人們對這種東西的需求，並從中獲得對設計有價值的訊息。你的「信念飛躍」假設為何？很多人都喜歡在高處，因為視野更好，因此飯店房間和公寓樓層愈高，價格愈貴。確定你的核心假設之後，你把原型交給使用者，獲得具體的回饋意見和真實數據，再來判斷是否應繼續探索這個想法或是放棄。

除了提出假設，原型設計牽涉到兩個基本問題（也能幫你找到答案）：消費者是否想要這種東西？為什麼這東西能發揮效用？在創建原型時，你可以假裝這東西有用，也可以實際上把這個東西做出來。模擬這個東西的功能或外觀可以讓你快速驗證這東西有用或推翻自己的想法，像這樣在短期間內、用低成本做出來的東西（或是半成品），可以幫助你了解一些基本問題，例如有關設計的問題，或是這東西要滿足什麼樣的需求。我的學生就設計了一個簡單、粗略的實驗來解決她在工作中碰到的難題。

她在 Google 的克里縢登園區（Crittenden campus）工作，發現在某些熱門時段很難找到會議室或是可進行視訊會議的房間。同時，很多個人辦公室在一天中大部分的時間都空著。她想創造出一種簡單而直觀的方式來共享空辦公室，有點像 Airbnb 的模式（不過是免費的）。她相信，如果對原來使用辦公室的人來說只是舉手之勞，他們會願意跟同事共享辦公室。

於是，她在十間辦公室門上掛了個小小的壓克力標示牌，牌子上插了張黃色卡片，上面寫著「即將開始」。然後，她在辦公室擁有者的辦公桌上放了一張單子，說明自己的想法，邀請他們參與實驗。接著，她將黃色卡片換成綠色卡片，上面寫著「空／使用中」，空白區域則讓辦公室擁有者填寫空下來的時段。她很快發現，只有一個辦公室擁有者不願與人共享，而其他九個辦公室擁有者以及許多需要會議空間的人打從一開始就很願意參與實驗。這個零成本、高回報的原型驗證了她的假設，大大提升辦公空間的效能。

如果你要為那個「漂浮桌」的點子打造原型，你可以把一張桌子放在高層建築的屋頂上，然後讓某一個人在那裡工作一週。不久你就發現，那裡風很大，而且缺乏廁所、飲水機等便利設施，再說，那裡出入不便。然而，高空景觀對使用者的吸引力可說超出預期。你用這種模擬的原型快速測試想法，獲得足夠的訊息之後，就知道如何改良構想，進行下一步測試。

迎向風險

有些人喜歡冒險，有些人則避之唯恐不及。如果你屬於後者，就需要培養一點因應風險的能力。我在這裡說的風險，不是指墜機那樣的風險，而是像擲骰子——但要進行很多次。因為實驗基本上就是一種運用智慧持續擲骰子的行為。所以你不僅要學會適應風險，還要學會勇於面對風險。

要讓自己適應風險，最簡單的一種做法，就是改變你的日常習慣。首先，鉅細靡遺的列出你一天中的所有活動，找出所有你已習以為常的活動和行為。你可能會發現，從你早上醒來到晚上入睡，你的決定和行為都被無數的習慣左右。沒錯，你的習慣在掌控你。

從這張習慣清單中選擇一個，列出五種完全不同的做法，並在接下來的五天中逐一嘗試。一開始，你可能會覺得有點怪怪的，甚至焦躁不安，因為你渴望回到熟悉的日常。但每一次的嘗試都會使你稍稍偏離原本的軌道，看到和感受到一些以前未曾察覺的體驗。

我朋友常常開玩笑說我有一個習慣——如果這算是習慣的話——也就是我從不去同一家餐館或飯店兩次，要去一個地方也不會走同樣的路線。很久以前，我就認為每天發現新事物，要比對任何事物習以為常更重要。一種不知道會遇到什麼的感覺，帶給我一點興奮。

大多數人的生活都繞著明確的目標和成功標準運轉，因此在沒有這些標準的情況下行事，可能會讓人感到不安。我有一門課叫「以激進的自主來做設計」，上第一堂課時，我給學生一份空白的課程大綱，明白告訴他們，他們將自己掌舵，去理解「自主」的本質。一開始他們很焦慮——什麼，沒有作業？沒有評分標準？但他們最後還是找到因應這種模糊狀況的方法。

我的用意是要他們離開走過無數次、閉著眼睛也會走的道路。儘管那些道路看起來舒適、熟悉，其實卻是阻礙我們發現新事物的敵人。尋找機會參與一些沒計畫、開放的體驗。

漫無目的地開車。去某個地方——博物館、新社區、公園或花園——讓自己迷路。去度假，不設定任何行程，也沒有什麼必須做的事。若你能適應生活在不確定的狀態之下，就會發現自己更能接受風險和實驗。

改變你的思維模式
Change Your Mindstate

走出舒適圈，冒險一試

登山者、空中飛人、期貨交易員——他們清醒的時時刻刻都與風險相伴。他們之所以擅長這樣的工作，不是因為他們能消除或控制風險，而是他們迎頭面對風險。為了找到未來的方向，你必須適應風險帶來的不安。找出你避免去做某件事的原因，是因為缺乏自信，還是害怕不確定的結果。現在，想像你在爬樹，爬到小樹枝上，可能會掉下去。儘管這麼做很危險，你還是得冒險一試。一想到公開演講就讓你緊張到想吐嗎？把握下一次上台報告的機會。你討厭開口談錢？向老闆提出加薪的要求。你在陌生人面前會害羞嗎？去參加派對，跟五個陌生人交談後再離開。你每完成一項冒險，就更能因應未來必然會出現的意外或風險。

二〇一三年三月二十五日傍晚六點，我與一群年輕企業家及來自史丹佛和智利天主教大學（Pontificia Universidad Católica de Chil）的師生一行人共八十人乘坐 E 船（企業家精神船）從蓬塔阿雷納斯（Punta Arenas）啟程，前往世界的盡頭——巴塔哥尼亞（Patagonia）。我們的任務是利用這次非凡的經驗，在當地發揮創意，透過創新尋找解決方案。這也是我帶學生進行的實驗課程。我們一起遇到最猛烈的波浪，幾乎每一個人都暈得七葷八素，但關於測試、原型設計和冒險，我們也學到一些寶貴的東西。

我在巴塔哥尼亞看到一個難忘的奇景。一隻企鵝跳入水中時，有五〇 % 的機會找到食物，另外五〇 % 的機會則會被掠食者吃掉。然而，總有一隻孤獨的企鵝會從冰架上跳入水中，而其他企鵝則在一旁觀望，看牠會帶著食物回來，還是壯烈成仁。這是一種極度冒險的行為，但無論結果如何，都提供關鍵資訊給群體。

我覺得這一幕有兩個層面很有意思。首先，勇敢的企鵝不是把鰭探入水中試探，而是義無反顧的跳下去，彷彿相信可以嘴裡可以塞滿魚，滿載而歸。這就是樂觀。其次，如果第一隻勇敢的企鵝不幸喪命，另一隻勇敢的企鵝則會走到冰架邊緣，躍入水中，蒐集新的資訊。這就是勇氣。

每一個組織——包括企鵝群落——都要靠探險者去探索未知，帶回有助於指引前路的資訊。我在巴塔哥尼亞看到的企鵝深深地啟發了我，於是我在 Google 創立「企鵝獎」，表揚那些勇於冒險、幫助他人學習新東西的人。企鵝獎的得獎者採用不尋常的方式來進行行銷活動，嘗試用尚未驗證的做法進行內部溝通，或是重新想像團隊會議如何進行——他們都在企業中展現勇氣的典範。

塞斯·馬爾賓是藝術家，也是Google公益計畫的領導人。他發現冒險可能帶來解放的感覺。

Meet
the Future
Readies

你的未來嚮導

塞斯·馬爾賓

適度的冒險

我在高三那年去厄瓜多的基多（Quito）當交換學生。有一天，我搭上一輛開往叢林的公車，因為到了厄瓜多之後，我還沒去過叢林。當地的公車很特別。公司減速靠近一個站時，還沒停下來，乘客就跳上跳下。在大城市，那裡的人經常帶著大包小包的農產品或手工製品上車，要拿去市場販賣或帶回村莊。車上的助手會幫忙把乘客的東西丟到公車頂上，乘客則跳上車。

車子開上一條泥巴路時，我坐在公車後方的中間座位，覺得噁心想吐。車內悶熱，擠滿了人。我知道，如果我不下車，很快就會吐出來。但我無法下車，因為一旦下車，司機會把我丟在路邊，直接開走，不會等我。我看著車窗外，心想：「我需要的是新鮮空氣。如果我能爬到窗戶邊，就能爬出去，到公車頂上，坐在放行李的地方。」於是，當車子減速，準備載更多人的時候，我擠過人群，從最近的窗戶爬了出去，然後費力的爬上車頂。

我坐在一堆箱子和行李中，一種自由的感覺穿透全身。我能呼吸到新鮮空氣，看到周圍的樹木和天空。這一刻讓我深深了解到，我能扭轉逆境，可以採取行動，掌控自己的命運。從那天起，我一直相信，我能用一種適合自己的方式冒險。這種想法為我的人生開啟了許多可能性，因為我在面對大多數情況時都有這樣的信念：如果我願意冒險，就沒有事情是無法改變的。因此，我遇到看似有限的選擇或限制條件時，我總是說：「何不冒險一下？」

二〇〇六年我開始在 Google 從事搜尋品質相關工作時，當時公司有六千名員工。一年後，員工人數就增長到一萬兩千人。我花了很多時間思考這支快速成長的 Google 大軍，可能會對我們工作所在的社區帶來什麼樣的影響。我與許多 Google 員工討論了員工能享受的各種資源和福利，並與外面世界的現實相比。我很快的了解到，許多 Google 員工都渴望把他們的熱情、解決問題的能力和創造力投入社區，幫忙解決問題。我心想：「何不試試看？」

公司的領導者和經理人鼓勵我試試看，看這個想法能發展到什麼程度。於是，我招募團隊來試行一項社區服務計畫。第一年，來自全球三十個國家的三千名 Google 員工與當地組織合作，進行為期一週的志工服務。在最初的幾年，我們沒有預算，也沒有專職人員，但我們創立了如今被稱為 GoogleServe 的公益服務計畫。這是一個長達一個月的年度服務活動，現在全球將近二十萬名 Google 員工都能自由參與。

在我領導 GoogleServe 的十年裡，我們把這個計畫當作一個持續的實驗，透過原型設計、測試和不斷迭代來了解什麼是可行的，以及如何發揮更大的影響力。早期，Google 的文化著重快速推陳出新，但對於這個計畫，因為我們的許多社區合作夥伴以協助弱勢群體為目標，我們發現需要更多時間來建立關係，並評估社區可能會受到的影響。我們必須定期檢討，思考是否真正對社區有幫助，或者可能會對社區造成傷害。我們也提醒自己，光是想要「做好事」並不總是能如願以償，結果可能和我們預期的不一樣。

一種樂觀精神以及對未來的願景讓我們滿腔熱忱。未來，公益服務將會成為我們工作文化不可或缺的一部分，並且 Google 員工將會更重視對社會有正面影響的價值，這件事和推動業務等指標一樣重要。

起先，我們測試「心與手」服務（hearts and hands），如清理公園、粉刷學校或種樹。這樣的活動有助於培養團隊精神，對我們的社區合作夥伴也有幫助。

之後，我們開始測試技能方面的服務（例如解決網站的程式錯誤、擔任課輔志工或指導新手）。這具有更高的價值，因為不是人人都具備我們擁有的這些技能。最後，我們開始提供公益服務，包括運用我們的專業技能（如法律、行銷或工程方面的知識），以及在公司、組織或機構的董事會中擔任職務並提供服務——這是許多非營利組織需要的高階策略規畫，但他們力有未逮。由於這類服務我們做得愈來愈多，也就能量化我們的公益服務帶給社區的價值。

我喜歡把一切看作草稿，因此總是有可以改進的地方。這讓我能停下來用同理心設想合作的個人或組織，便能更了解他們面臨的挑戰，並在迭代的過程中融入我學到的東西。我也儘量避免自己直接跳下來解決問題。有時候，用同理心傾聽，就是對方需要的支持，他們自己會找到解決方案。

將意圖與結果分開也很重要。我們與夥伴組織合作後會請他們填寫問卷，詢問他們 Google 志工是否為他們帶來更多價值，或者是否幫助他們完成使命。這些問卷的回應總是很熱情，非常肯定我們的貢獻。後來我們覺得不能太自滿，也得檢討我們可能有什麼缺失。任何志工都會涉及某種權力動態，Google 就像是一隻重達八百磅的大猩猩，突然跳出來幫忙，誰會誠實說他們覺得很糟？因此，我們開始測試不同的調查方式，讓這些組織能匿名分享他們的想法，並給予我們更具意義且可行的回饋意見。

在 Google 任職期間，我藉由做一點我真正想做的事（領導志工服務和捐贈計畫）在自己的職業生涯進行測試和迭代，直到公益服務成為我的核心工作。透過志工服務和捐贈計畫的諸多活動和數據，我最終做到這個境地：我的主管對我說：「你可以定義自己的工作了。」這種感覺就像我之前說的，坐在公車頂上，覺得未來操之在我。

「逆向計畫」對我來說頗為有用。我從終點開始思考，設想一個不同的世界。例如，我想像眼前有一盤剛烤好的餅乾。我還沒做這些餅乾，但我能看到、聞到，甚至完全能品嘗到餅乾的滋味。我儘可能運用所有的感官，置身於這個未來的狀態中。如此一來，我就更有機會實現這個願景。因此，與其急於行動並說「好吧，給我食譜，我要做餅乾」，我會先花時間練習設想結果，並心懷感激。

我不知道未來會如何，但我對自己做出的選擇以及如何實踐擁有很大的掌控力。在 Google，我學到每一個選擇都可能向外擴展，出現千百種結果。如今，已有成千上萬的

Google 員工參與公益服務計畫，影響無數的人，有些人甚至把這種潛能融入產品，讓數百萬人使用。

翻開新篇章

看到有人對一個新想法充滿熱情，你不禁跟著興奮。這種感覺就像剛墜入情網——教人陶醉、興奮，滿腦子都是對方。但是，萬一這個想法其實是爛桃花呢？你真是鬼遮眼才會跟這個人在一起，而你的朋友一直用奇怪的眼神看著你，直到你們分手。當你非常想讓一件事情成功時，會很難察覺到自己看走了眼。

如果行不通，你應該快刀斬亂麻，對吧？顯然是如此，但你可能會很驚訝，不知有多少人依然執迷不悟，即使事實證明那是條死路。這通常源於我們盲目相信某個假設是真的，以至於無法看清真相，不知道這個假設根本不合理。

我們常常會陷溺在自己的想法中，即使實驗結果證明這些想法不可行，也很難放手。這種依戀是有害的。在史丹佛設計學院的課程中，我們在每學期的開頭和結束進行的測試，揭示了另一個實驗的好處。透過測試、及早獲得回饋、從中學習並迅速再次測試，能使學生增強自信，在某個想法行不通時果斷放手。對過程的投入超過對預期結果的執著。如此一來，就不會緊緊抓著那些沒能成功的想法。這也許是他們從這門課學到最有價值的技能。

在 Google X，我們了解在創新過程中，放手也是非常關鍵的一步。為了讓員工願意及時停損，以免浪費時間，我們提供額外的休假、獎金，也保證他們可以參與未來的 X 計畫來鼓勵他們放手。起初，只有一個人舉手退出，不久之後，其他人也跟著這麼做。看到他們願意放棄心愛的計畫，把焦點轉移到全新、不同的東西，讓我覺得有點不可思議，畢竟這很不容易。你知道你從每個想法和實驗中學到的東西是什麼，然後繼續前進。你也許曾在史書上看到古代航海地圖，圖上的怪獸代表危險的禁忌之地。這些怪獸阻止旅行者接近未知的領域。但是，如果那些地圖上畫的不是怪獸，而是金銀財寶，暗示在地平線的另一邊可能會有什麼發現呢？我敢保證，如果那些水手認為未知之地充滿機會而不是危險，必然會更快發現新大陸及更多的新東西。

實驗會驅使你走向未知的邊緣。如果你有正確的心態，準備好採取行動，就能看到機會。做好心理準備，不斷進行實驗和測試解決方案，這意味其實你今天就可以開始創造未來。

你會測試每一個機會嗎？

Do you test
each opportunity?

試試看
Try This

讀完這段文字後，閉上眼睛。想像所有在你之前生活在這個地球上的人。他們如何幫助了你？他們如何對你產生負面影響？想像所有在你之後生活在這個地球上的人。你能如何幫助他們？你可能對他們產生哪些負面影響？

Chapter 6
擴展同理心

廣闊包容的同理心能將人們各自不同的經驗與體驗連結在一起，
這會為你在關鍵時刻另闢蹊徑，
並且在通往未來的道路上建立橋梁。

如果有一個人去參加禁語靜修營，必然認定自己會在那裡度過一段完全寂靜的時光吧。

二〇二一年十二月，我參加十日靜修營。那是一段深刻的體驗。每天十小時，我與其他四十九位同修一起在一個寬敞的房間裡靜坐。我們一個挨著一個坐在地墊上。最初幾天，我特別注意這個房間裡的「靜默」聽起來是什麼樣子：我能聽到自己的呼吸聲，當然，也能聽到坐在我身邊四個人的呼吸聲，或許偶爾還會聽到房間某處傳來的咳嗽聲。

我逐漸習慣這些聲音，也能夠更專注在呼吸和身體的感覺，學習不去評判自己所見。我開始感受到一種與以往不同的身心連結。第六天早晨，我注意到坐在我後面的人拆開一顆喉糖的包裝。喉糖是他從冥想室外面拿的。我很快就發現他含著那顆喉糖，還聽到那喉糖不停的在他口中滾動的聲音（好吧，說實話，我所有的心思都在那顆喉糖上）。到了休息時間，我已經有點崩潰。那個早上，我不但沒有專心冥想，甚至一直在心裡咒罵這個人。說真的，這不會是你想在靜修營得到的體驗。

休息之後，他依然坐在我後面，又含了一顆喉糖。我花了一個小時拼命思考怎樣才能讓他停下來。我該跟他說嗎？這個靜修營禁語，所以不能這麼做！寫張紙條給他呢？這也不行。把擺在外頭的喉糖全部藏起來呢？也許……。

第二天早晨，昨天經歷的一切又重演了。但在這一天，我逐漸把注意力拉回到自己的冥想練習上，試著觀察自己和這位吃喉糖的先生，而不去評判。我開始思考他是怎麼回事，或許他只是不想咳嗽，才會不斷含著喉糖，以免打擾其他同修。在那一瞬間，我的煩躁消失了，同情心如潮水般湧上心頭。現在我想感謝他，因為他不只觸發我的同理心，也給我一個機會真正親身體驗到視角的轉變，也許這是我第一次有這樣的體驗。

任何人都可能像我一樣，在一瞬間對那個吃喉糖的人湧現同理心。在那一刻，你突然能從對方的角度看問題，進而改變自己的視角。這樣的時刻非常寶貴。

想像一下這樣的情景：下大雨了，一個男人抱著一個裝滿東西的紙袋，在超市的停車場上匆忙走向他的車。突然間，紙袋破了。他呆立在停車場中央，無助的將東西緊抱在胸前，以免掉落一地。這時，一個女人出現在他面前，拿著一個超市大塑膠袋，接住他手裡所有的東西，只有幾顆橘子掉在地上滾走了。

這位女性正把自己買的東西放進後車廂，看到這個男人僵在停車場中央，立刻前去幫忙。他不斷道謝，將東西拿到車上，然後跑回來，把袋子還給她。這是我覺得最有意思的部分：她揮揮手說：「你留著吧。總有一天你會為別人做同樣的事。」

乍看之下，這只是一個好心人的舉手之勞。然而，若是你仔細看，你會發現：

女人看到男人的窘況，但她沒有裝作沒看見。

她了解那個男人的感受。

因為這樣的感受，她本能的採取行動。

在短暫的交流中，雙方的視角都發生變化。

最終，這個故事並未結束—— 女人及時相助只是個起頭，將會引發更多的善行。

這就是同理心的擴展。這是理性的、反應迅速的，會帶來改變，並且會產生連鎖效應。這是基於人性，與其他面對未來的心態不同，只存在於人與人之間的互動。

人類具有自我意識，因此與其他物種有所區別。[1]我們的自私也是與生俱來，可能會讓我們對眼前的人視若無睹。我保證這種情況不會發生在動物王國其他物種身上。這是我們一生都會有的盲點。唯有同理心才能真正讓我們超越自我，融入社群。

儒家哲學用「仁」描述同理心，意思是「兩個人」或「共同的人性」。亞里斯多德也把同理心與我們的人性連結，將之定義為一種理解他人，而且知道如何才稱得上是人。但是如果我知道「生而為人的意義」，又有什麼影響？

簡單的說，如果你能了解與你共同生活在這個世界上的人，生存機率會比較大。此外，如果你能了解他們，也就能更了解自己，也就更能過著有意義、充實圓滿的生活。我認為儒家說的「共同的人性」可說一針見血——我們一起生活在這個星球上。如果好好對待彼此，不只是著眼於自己的需求，也能考慮別人需要什麼，不但能生存下去，也能豐富人生。為什麼不這麼做呢？

就準備好面對未來而言，更重要的問題是：同理心對我的未來會有什麼影響？

無私，或利他主義？

除非你打算一個人在荒島度過餘生，你一定要相信，對你想要打造的未來，同理心是重要關鍵，因為與你一起生活在這個星球的數十億人也在努力建立他們的未來。如果你想到自己，不考慮到其他人，就不會成功。想像你是個新手父母，為了照顧日夜不停哭鬧的寶寶，嚴重缺乏睡眠。此時此刻，你唯一的願望就是不被吵醒、好好睡一覺。除非你了解嬰兒的需求和欲望，否則你不可能擁有想要的未來。同理心不是道德責任，而是一種實際、必要的特質。

你每天會跟數十個人（或者更多人）互動。這些互動大部分是沉默、無形的，但每一次都是你發現自己與那些人具有共同人性的機會。在某些情況下，你可能會像停車場裡那位好心的女士，了解陌生人的感受。在其他情況下，你可能會與認識的人建立一種同理心的連結——如你的同事、一個點頭之交或是家人。我把每一次這樣的相遇想成是小小的火花，可能點燃我或對方心中的某種東西，因而讓那一刻、那一天，甚至一生變得更好。

我得說清楚，同理心並非無私，也不一定是利他主義。為了他人利益，犧牲自己的利益——嗯，你的自我通常不願意這麼做。但是若你的同理心會產生一個利人利己的結果，就證明你可能在滿足**自己需求的動機**與**考慮他人需求**之間取得平衡。

你也許永遠不知道，你對他人的同理心是否改變了什麼，或是讓對方變得更好，但你會發現，同理心永遠是一股改變的力量，且會讓你受益。而一旦你親身體驗，就會發現，你會選擇運用同理心，是因為這對你來說其實相當有益。[2]

正如面對未來的其他心態面向，當你更加頻繁且持續的運用這個特質——隨著同理心的擴展——眼前的選擇也會倍增，變得更加有趣，甚至出乎意料。你的選擇也會變得更著重人性，對自己和他人產生更大的影響。同理心可以讓你更清楚自己想要的未來。桑德拉．卡馬喬做的事情就是最生動的例證。她曾在Google工作，是立志改善社會的社會企業家。

Meet
the Future
Readies

你的未來嚮導

桑德拉·卡馬喬

用新的角度看事情

我大學一畢業就到 Google 工作。一開始，節奏快速的工作環境讓我覺得壓力很大，但我很快就接受 Google 提倡的學習、堅持和實驗的理念。幾年後，我加入弗雷德里克 CSI 實驗室社群 *，進行一連串關於設計和人類體驗的實驗。這些實驗最終給我一個重要的體認：我需要以自己的興趣為中心塑造職業生涯，而不是為了某個組織或某一個人的利益來打造個人職涯。

八年後，我離開 Google，開創自己的事業，成為協助企業打造更具包容性的產品或服務的策略顧問和教育者。在這

* 譯注：弗雷德里克 CSI 實驗室社群（Frederik's CSI:Lab）是一個維護網路安全、進行電腦鑑識的網路社群，由弗雷德里克．巴斯勒（Frederik Bussler）創立和領導。

個角色中，我與由價值觀驅動的組織和個人合作，解決設計過程中的不公平、偏見和排斥問題。我指導他們進行文化、心態和工作流程的轉變，設計出更包容，更公平的成果。這意味著要審視自己的偏見和假設，辨識阻礙包容和公平的系統障礙。

例如，我曾經為一家設計顧問公司舉辦多重弱勢身分交織性（intersectionality）為主題的訓練營。由於參加者包括設計師和「傳統」顧問，我希望討論是基於現實，而不是理論。我以幾個遊戲開始，幫助參加者了解他們是擁有特權的人。然後，我帶來一個小組，成員皆來自弱勢群體。他們代表真正的多元視角。我讓整個討論完全圍繞小組成員的聲音和故事進行，而且不允許觀眾提問。我想顯示的是，當訊問者的權力被剝奪時，小組成員如何掌握自我敘述的力量。

在聽完小組成員的故事後，參加者分成幾組，進行類似《黑鏡》（*Black Mirror*）的練習，設想數位健康科技設計可能讓弱勢群體特別遭受潛在的危害和意外的後果。參加者提到敏感健康資訊的資料隱私問題，以及身心障礙病人或沒有合適設備的人無法使用平台。直接與弱勢群體互動，就能深入了解設計過程中經常被忽視或淡化的真實體驗。由於是以深刻的理解，而非未經驗證的假設和偏見為參考依據，你因此得以預見和防止弱勢社群可能遭受的潛在傷害，這將使他們的需求更能得到滿足。

幾個月後，我與一位參加這次工作坊的設計師交談。她告訴我，這個練習讓她對同理心有了全新的認識。她興奮的分享說，她的公司在原型設計階段創建一個壓力測試，檢查他們的設計是否會對使用者，尤其是弱勢群體，造成傷害。

開心，還不夠

還有一次，我花了六個月的時間，與總部位於巴黎的全球非政府組織「無國界圖書館」（Libraries Without Borders）團隊合作。這個組織在資源匱乏的社區以及歷經災難的地區，提供書籍和數位資源。我加入這個團隊，一起改善服務和經驗的設計，幫助那些難以接收到文化和資訊的弱勢群體。這個組織還跟著名法國設計師菲利普·斯塔克（Philippe Starck）合作，創造了「創意屋」（Ideas Box）——這是一個色彩鮮豔、可移動的多媒體中心，能當作移動式圖書館和文化中心，可設置在難民營和緊急避難所。我希望幫助他們更了解那些流離失所者的需求，並為他們創造更多具有包容性、以使用者為中心的體驗。

然而，我發現他們用來評估緊急避難所居民學習需求的問卷充滿偏見和誘導性的問題，便提議道：「我們去跟他們見面，進行使用者訪談吧。」我希望他們能夠試著更深入的理解居民的生活歷程，而非只是蒐集可能吸引他們的書籍和文化內容。沒想到這個團隊對我的建議非常抗拒。他們大多是對自己的工作充滿熱忱的年輕人，認為我的意見會干擾他們的工作方式。

為了應對他們的抗拒，我不得不設法改變他們的觀點，而非只是改變流程。這意味我得訓練工作團隊，讓他們了解弱勢群體體驗設計的重要性和關聯。我們進行了以故事板和使用者旅程地圖（將使用者的心路歷程視覺化，以深入了解使用者的想法、感受和行為）為重點的練習，讓他們面對真實的人。這使他們能用同理心去了解這些難民和尋求庇護者的經驗。

這個團隊原本堅持自上而下的營運模式——他們認為自己是服務難民的非政府組織，用不著想像難民的經歷，也不必思考教育服務如何幫助他們達成目標。

團隊的抗拒讓我覺得這個計畫難以進行，我不知道是否能有任何進展。所幸到了合作快結束時，我看到他們願意重新思考之前認為理所當然的觀點、工具和流程。團隊中最頑固、最反對改變的人後來告訴我，讓他們感到驚訝的是，他們甚至開始反思，發現自己並沒有像想像中那樣以使用者為中心。我看到真正的觀點轉變。

這就是我在設計領域為自己開創的天地：協助設計從業者了解公平與包容的設計，以及為弱勢群體設計的價值。這麼做不免會遭受阻力。公開討論社會正義、特權或權力不平等，可能會讓人感到不安，甚至與資本主義和常規商業的目標和規範衝突。然而，這項工作很有意義，不只能帶來明顯的社會和商業利益，還能放大正面影響，減少對社會的傷害，推動創新，擴展我們所設計解決方案的影響力。

我相信自己正在重新定義設計界對同理心的理解。一般人和慈善組織常常認為他們可以透過表達「我們關心」或「我們可以幫助改善」實踐同理心，但這隱含一種菁英主義，一種「我們比較清楚」的姿態。與同理心背道而馳。這種心態是以「自我」為中心，而不是以「他人」為中心。真正的同理心在於不斷提醒自己，不要把自己的生活經歷投射到他人身上。歸根結柢，同理心是一種持續不斷、永不懈怠、批判性的反思。

擴展同理心是一個持續的練習——練習把視角從「我」轉到「你」，尋找自己缺乏的訊息，嘗試預見可能發生的結果。

從第一人稱到第二人稱

我在準備演講時，會不斷精煉想要分享的想法，並且把重點放在我希望觀眾在聽完演講後思考的問題。然而，在我站在講台的前一刻，我會花點時間望向觀眾，思考他們各自的人生處於什麼樣的狀態。我這樣做是為了提醒自己，這場交流最重要的因素不是我，而是**他們**。

當你的名字和照片出現在身後的大螢幕，每一個人的目光都投向你的時候，你很容易產生誤解。在這個場合，你以為自己是最重要的人。其實，無論我的意圖為何，這場演講的影響完全取決於每一個聽眾的內心。我無法知道他們的感受或當天經歷了什麼事，但我知道，如果我希望與他們建立連結，就必須直接與他們當下獨特的感受和心境相連。

要達到同理心的境地——「我」與「你」最小的交會點——首先，你必須把自己的歷史和世界觀放在次要的位置。沒錯，這些東西是你重要的一部分，但往往會控制你的觀點，使你把自己的經歷投射到他人身上，這就完全偏離同理心了。

那麼，如何讓第一人稱的「我」安靜下來，以了解第二人稱的「你」？別再說了。真的，閉上你的嘴巴。你不需要表達你相信的一切、用不著嘰哩呱啦的講述你的感受或經歷。儘管這些想法對你可能意義重大，但無法幫助你看到另一個人或了解他們的經歷。

你或許意想不到，你若是少說一點，會更專心傾聽且注意到更多東西。你能聽到對方所說的一切，不只是你自己的話——你說了一大堆卻不見得能確切表達自己的心意。你會真正感受到「聽」與「真正傾聽」的差異。你會開始注意到對方如何用詞彙、語氣、面部表情和肢體語言傳達的資訊，甚至會察覺到他們的言外之意，這往往是了解他們真實感受或經歷的關鍵線索。

改變你的思維模式
Change Your Mindstate

鏡子

有時，你走在街上，偶然看到自己在窗戶中的倒影，你會察覺有一點不一樣的地方，你發現自己的新面貌。這個練習可以幫助你捕捉到更多類似的東西，也能讓你從他人的角度看自己，最後也就能用更全面、更包容的眼光看別人。這個練習需要在安靜的環境中單獨進行。

①站在鏡子前，最好是全身鏡，這樣你能看到自己身體的全貌。先拍一張鏡中的自己。接下來，花幾分鐘觀察自己整體的樣子。儘可能保持客觀，別批評自己看到的。

②然後，將注意力集中在自己不同的部位，從頭頂開始，慢慢往下，最後到雙腳。看看你的手。這雙手是否透露出你的生命故事、並塑造鏡中人的經歷？你是否能在鏡中人臉上看到生命中的喜悅或痛苦？

③現在，想像鏡中的自己是一幅掛在藝廊的肖像畫。別人看到這幅肖像畫時，能解讀出什麼？基於你的表情、姿勢或穿著，他們會做出什麼假設？他們當然不認識你，但他們會試圖在你身上找到與自己相關的東西。你的肖像能為那個陌生人提供什麼？

改天再做一次這個練習。也許可以換個姿勢，譬如坐著，或者站著但稍微側身。之後，再比較這兩張照片。這一次，你會看到一些不同的東西，因為你已經不同了。也許你因為好好休息一番因此精神比較好，或是這天覺得壓力比較大。或者你已經改變了看待自己和他人的方式，因此今天的你變得不一樣。

幾年前，我跟幾個朋友住在柏林的合租公寓，其中一個在敘利亞難民營工作，問我想不想去看看。我欣然同意。跟她去的前一天晚上，我躺在床上，想了很多點子，想幫助每天抵達難民營的幾百人。我篩選出幾個我覺得肯定行得通的方案，想到第二天能做的好事，彷彿覺得自己身上有聖人光環。我滿心喜悅的入睡。

然而，我進入難民營後不久，就發現我原來的計畫——例如為難民蒐集食物、玩具和衣物——這些方案根本沒用，因為很多人捐贈，物資堆積如山，而且已經整理好，準備分發。我竟然忘了自己一直秉持的同理心原則，因此對自己非常失望。在我們的工作中，這種事屢見不鮮。我們急著推出偉大的產品或新的服務時，常常忘記傾聽顧客的需求有多麼重要。一旦顧客對我們的產品或服務反應冷清，我們就會陷入沮喪。

幸好我的覺悟不算太晚，我開始仔細觀察，也傾聽這些人講述他們的故事。剛抵達的難民只會在這裡停留一晚，第二天他們就要前往另一個地點向政府提出登記和庇護申請，確認自己的合法居留身分。接下來，他們會被分配到另一個營地，作為在這個國家定居之前的基地。他們匆忙離開敘利亞，許多人只把隨身物品裝在袋子裡就逃出來了。我真正張開眼睛和耳朵，才發現他們有一個非常簡單且明顯的需求

——一個背包或拉桿行李箱，方便他們攜帶物品四處遷徙。

這些人需要的是一把鐵錘，我卻把扳手硬塞給他們。你必須走出自己的思維，遠離自以為是的認知，才能窺見他人的經驗。從第一人稱的視角轉變到了解第二人稱的視角，是一個持續不斷的過程，而且一直會給你啟發。你能做的就是不斷嘗試放下自己的視角，以了解別人，也許你了解的事能以某種方式把你們連結起來，觸動或改變你們雙方。

填補缺口

你永遠無法真正了解另一個人經歷了什麼，即使是與你關係親密的人。當你覺得自己已經很了解某一個人，甚至開始假設他們會有什麼樣的感覺或經驗，就該立刻停止。因為無論你做出什麼假設，都不可能完全準確。我可以保證，那些你自認為知之甚詳什麼事，事實上，都充滿了讓你意外的漏洞。

我有一位朋友曾經描述她負責的專案。這個案子很複雜，成敗就看最後對客戶的提案結果如何。參與這個案子的人來自各個領域——內部多個部門的員工、外部顧問、領域專家、技術寫手和設計師。她說，這個案子的組成多如牛毛，整合起來極其困難。

他們沒日沒夜的忙了兩個月，就在距離向客戶提案剩下不到一個禮拜，負責整合內容並製作簡報的人差不多該完成精彩絕倫的提案時，這個人卻突然發了封電郵給團隊，說：「抱歉，我無法完成。」我朋友不得不緊急找人接手。

當時，她忙得焦頭爛額，只想趕快完成簡報，沒有太多時間去想那個半途而廢的人。提案會議結束後，她很氣那個讓她陷入困境的人，怒斥：不可靠！不專業！自私！

大約在一年後，在另一個案子的啟動會議上，有人提到這個人的名字，建議讓他負責最後的簡報。足足有好幾個月，我朋友一直在心裡咒罵這個人，正準備批評一番，把他的惡形惡狀抖出來，另一個人先說了：「他實在是個人才。經歷了那場可怕的車禍後，能回來工作真是太好了。」

哎呀！在這段時間裡，因為他突然退出，她的案子差點開天窗，恨不得把他宰了。她從未想過跟他談談，看他到底是怎麼回事。此外，她還讓她的無知被偏見填滿——險些害了那個遭遇不幸的人。

無知是一股很強的力量，會阻礙並扭曲你對他人經歷的理解。為了更清晰、明確的了解他人，你必須填補自己知識或資訊的空缺。然而，如果你不知道自己不知道什麼，該如何發現那些你不知道的資訊？

記得問自己：我遺漏了什麼？我可能有什麼樣的盲點？我朋友當時只要問一下那個團隊成員：「怎麼了？為什麼不能做完簡報？」就可填補訊息的空缺，了解真相。或者，她可以問自己：「什麼情況會讓我像他那樣放棄重要任務？」只要她探問一下，都能有不同且更具建設性的選擇來因應問題。

你知道了一些事，因而改變自己對某一個人的看法時，往往可能會感到謙卑——甚至震驚。你心想：「噢，我根本什麼都不知道！」但這其實是最重要的學習起點。心胸的開放和好奇心會引領你獲得新的資訊，更清楚真相。你開始設身處地，仔細考慮他們經歷的各個層面。隨著真相變得清晰，你就愈了解這些資訊的意義，也知道該如何採取行動。資訊愈多，連結愈多，選擇也就愈多。

改變你的思維模式
Change Your Mindstate

切換視角

嘗試解釋別人的觀點，這對你和另一個人都可能是獨特的啟發。在這個實驗中，請你與別人交換立場，以了解別人為什麼會這樣思考。

例如有件事對你和你的一個朋友都很重要，但你們倆有不同的看法。這件事或許是和孩子做作業或是在家工作有關。你們已討論多次，因此很熟悉彼此的立場。現在，給自己兩分鐘的時間解釋對方的想法，就像你說明自己是怎麼想的。

此刻，站在朋友的立場，儘管你可能覺得有點不自在，你還是努力找尋合適的方式，傳達你認為他們是怎麼想的。你發現自己在措辭上變得更加謹慎。你發現，只是聽朋友討論這件事、並消化他們的話語時，很容易簡化或概括他們的想法。然而，你親自表達時，才會發現他們立場的深度和細微之處，因為這源於他們的個人經驗。而聽到他人講述你的立場時，則能使你用不同的角度審視自己的表達方式。

如果是一個彼此熟悉但持有不同意見的小團體，這樣的練習會特別有趣。練習到最後，每一個人都能更加深入了解和欣賞別人的觀點。

曾在 Google 工作的蘿拉・瓊斯（Laura Jones）描述她在 Uber 推行的一個計畫。這個計畫是讓公司員工親自開 Uber，以體驗司機的工作。員工透過安裝在車內的設備和軟體，全面了解司機的工作，特別是其中的痛點。經過一段時間之後，這個計畫讓蘿拉想到如何獎勵服務趟數最多的司機。她最初的想法是提供教育福利，類似沃爾瑪（Walmart）和星巴克（Starbucks）提供給員工的學費補貼計畫。

但蘿拉缺少什麼關鍵資訊呢？她的團隊和世界各地的 Uber 司機面對面交流，發現大多數國家長期任職的司機都是中年男性，通常是移民，他們開 Uber 主要是希望自己能讓家人過得更好。蘿拉和她的團隊進一步了解這些司機的背景，發現自己設想的教育福利可能對這些司機沒有她想的那麼有用，然而她同時也了解司機都有一種熾熱的希望，想要幫助家人，因此她建議將這個教育福利計畫變為成可以轉送給司機家庭成員的方案。由於她努力了解司機，才能設計出更符合他們所需的福利計畫。

你開始了解別人為什麼會這麼說或這麼做，才能填補最重要的資訊缺口。有一次，我去華盛頓特區為聯邦調查局（FBI）演講，就從一個意想不到的角度證明這一點。

FBI 就像很多組織，也感受到在變革的浪潮中不能落後的壓力。他們請我來談談如何思考未來，以強化競爭力。我向一百五十名左右來自 FBI 各部門的領導人和員工介紹了準備好面對未來的各個層面，特別強調如何運用同理心，從使用者的角度思考產品或服務，以激發創新。

我解釋說，你從使用者的視角來看一個體驗時，就能發現自己的盲點。這裡有個很好的例子：當 YouTube 為 iOS 使用者推出影片上傳的應用程式時，開發者很快發現約有十 % 的使用者上傳的影片是顛倒的。仔細調查之後，他們才了解，這些使用者不是拍攝或上傳的過程中出了差錯，而是因為他們是左撇子，所以手機旋轉了一八〇度。開發者在無意中設計了一個只適合右撇子的應用程式。

FBI 的人對這個主題非常感興趣，也許是因為他們時常思考自己對「使用者」的了解程度。無論是處理危機談判，還是追蹤網路犯罪分子的行蹤，他們都會特別深入了解一個人的處境、動機和感受。透過所謂「策略同理心」的正式訓練，他們似乎在同理心方面表現得很好。他們提醒我，我不需要同意或喜歡某一個人，才能對這個人表示同理心。我只需拋開自己的情感和判斷，仔細觀察，試圖了解這個人是怎麼看這個世界的。

有時，要了解某個行為或觀點背後的情感或經歷，最好的方法，就是直接問「為什麼？」你可利用「五個為什麼」的分析法來找出問題的根本原因（第一個為什麼是「為什麼會有這樣的問題？」針對第一個問題的回答，重複問「為什麼」，直到找到真正的原因），你至少要問三個「為什麼」來了解缺失的資訊，釐清對方是怎麼樣的人。

例如：你從來沒有想過你的一個朋友不喜歡狗，但今天你問她：「你為什麼不喜歡狗？」她說：「狗很可怕啊。」你再問：「為什麼可怕？」她答道：「狗會咬人。」你又問：「為什麼你認為狗會咬人？」她說：「小時候有一次我放學回家，有一隻狗從灌木叢裡跳出來咬我。我不得不去急診室縫合腿上的傷口。」

哇！想想看，你本來完全不知道這個朋友怕狗，透過她的描述，她小時候遭受惡犬攻擊的事件彷彿在你眼前重演。你只不過是問一個無傷大雅的問題，但因此對你的朋友有更深入、細膩的了解。

以人為本的視角

我們可以透過同理心來認識一個人——了解他們的個人歷史和經歷如何促使他們以某種方式看世界。然而，若是無法得知另一個人的過去呢？在缺乏具體資訊的情況下，同理心如何影響你的選擇？

那就用預測性的同理心，就你已經知道的人性作為基礎來思考。什麼會讓人害怕？什麼會讓人笑？什麼讓人擔憂？什麼讓人感到孤獨、充滿希望或沮喪？對這些問題，你已有一些相當準確的答案，因為作為一個人，你也曾經歷這些情緒，能從自己的經驗中知道這些情緒是怎麼來的。這些豐富的知識為你提供了無限多的選擇來應對。

預測性的同理心只要求我們察覺自己的存在、思考、感覺和行動。坦白說，我們不總是隨時都在思考這些。其實，當我們在出去辦事、遛狗或趕火車時，很容易不去想。生活愈忙碌，我們就愈不會去想。就像重力——我們知道重力存在，但不需要刻意去思考。

你具有創造力、能與人合作、有應變能力，都是因為你是人。如果你能敏於察覺自己的人性，你眼中的世界，就會像透過萬花筒，可以看到形狀和顏色的無限組合。然而，如果你疏離自己的人性，這些形狀和顏色就會褪色，你的想法和解決方案就會開始枯竭。

設計思維的一個原則是以人為本的設計，回到以人性為核心的理念。設計思維注重創造能回應人類需求的產品或流程。設計師在構思時會仔細觀察使用者的動機和行為，然後透過原型設計和實驗，結合使用者的回饋意見進行調整和改進。設計師會密切注意使用者最細微的反應，從中獲得訊息，以解決使用者潛在的、還沒表達出來的，以及未滿足的需求。

以人為本的設計會提出這樣的問題：我的產品或服務究竟會對人類帶來什麼影響？對一個人類社群會有何影響？以人為本的設計方法自然而然會擴大到涵蓋環境和社會的影響中「以生命為中心」的考量——我們在努力造福個體的同時，也應該造福整個社會，至少不該帶來傷害。

我相信不管什麼東西，都可以從是否以人為本來進行評估。我兒子還是個小寶寶的時候，我在他的嬰兒床上掛了一串色彩鮮豔的汽車和卡車吊飾。我發現他對那些車子吊飾興趣缺缺。有一天，我躺在他床邊的地板上，從他的角度仰望這個吊飾。結果我看到的並不是汽車和卡車，只是一些小小、薄薄的硬紙板，這種裝飾品只會讓寶寶迷惑，沒有安撫作用。

我很慶幸能捕捉到兒子的視角。我因此了悟，由於嬰幼兒無法明白表達自己的需求，我們常常會盲目接受傳統觀念或堅持自己的想法和假設。

老年人也是。很多生命末期的選擇完全沒有以人為本的考量。經歷這個階段的個體往往是乘客，而非駕駛人。為他們做決定的人了不解核心人物真正想要或需要的是什麼。

如果臨終是一種產品，你要如何設計出一個以人為本的臨終方案？

你的「使用者」是走向生命終點的人。你必須記住他們的偏好和挑戰，你與他們合作，評估他們的需求，並考慮到他們身邊的人、生命終結的地點以及影響使用者決定的過程。

你可以根據這三個類別的資訊，把你的評估分解為數十項，每一項都能提供更多以人為本的數據，以打造對使用者來說既合乎需求又可實現的體驗，而非醫療人員、宗教人士或殯葬業者為他們設想的經驗。

如果你儘可能用以人為本的視角去看，就會發現到處都有改善的機會。如此一來，你就能夠自信的把握機會，精準預測，並展現行動力。

而對 Google 用戶體驗設計師亞絲翠德．韋博而言，同理心為她打造了一條獨一無二的生涯路徑，讓她成為全球變革推動者。

Meet
the Future
Readies

你的未來嚮導

亞絲翠德・韋博

用同理心來建構社群

從小，擁抱新經驗以及好奇「這個宇宙將為我們帶來什麼」就是不斷驅使我前進的動力。我從德國柏林藝術大學取得碩士學位後，隨即到 Google 工作。我的第一個「二〇％自由時間計畫」是與弗雷德里克 CSI 實驗室社群一起教設計思維。我在 Google 的核心工作有好幾項，包括在安卓系統建立第一版 Google 日曆、定義用戶體驗（UX）的可及性標準，以及與 Google.org 合作，致力於難民和氣候技術專案。

我需要強烈的刺激，才覺得充分利用自己在這個世界上的時間。如果你不斷將自己置身於不同的情境，遇見新的人，你會更清楚自己是誰、以及這個世界是如何運作的。我一直想對自己有更深的認識，希望對自身需求有更清楚的理解；這也意味我同樣努力去了解他人是誰，以及他們有什麼需求。

我不只是想像一個情境會是什麼樣子。我會積極的把自己置入各種情境，不管在什麼地方遇見什麼觀點，都能敏於察覺而且以開放的態度面對不同的視角。我的專業是研究使用者體驗。就我個人而言，我發現同理心——也就是我對接觸和了解其他觀點的興趣——推動著我向前，並引導我走向下一步。這使我的生涯軌跡看起來有點與傳統組織之內的晉升路徑不同。

同理心，彼此連結的人性特質

例如，我曾與瑞典一家致力於因應氣候變遷的新創公司合作，開發開源的二氧化碳計算器。我還為國際救援委員會（IRC）在約旦、希臘、塞爾維亞和突尼西亞的組織工作，領導難民救援計畫。烏克蘭戰爭爆發時，我幫忙啟動 Google 與當地一個非政府組織的合作。我們建立支援網站之後，我協助建立一支 Google 志工團隊，以推動和擴展這個計畫。現在我擔任那個非政府組織董事會成員，在戰略和技術方面提供建議。

我經常需要突然進入一個新的情境，了解該做什麼，設計出一個流程，然後教其他人如何接手。我鼓勵受訓者立即著手，我也喜歡建立彼此激勵、互相賦能的社群，而不是孤軍奮戰。我在 Google 工作早期，覺得公司文化充滿信任，也能學習自己需要學的東西。公司傳達這樣的訊息：「我們雇用你，是因為相信你會做得很好。現在放手去做吧。」我在這種環境中得到了極大的信心，因為我並非透過觀察學習，而是透過實踐學習。這也是我在職業生涯的每一個階段進步和成長的方式，直接跳入每一個學習的機會，並對「不可能」保持敬而遠之的健康態度。

我現在建立團隊也是用類似的思維。通常你會根據經驗來招募人員。你瀏覽應徵者的履歷，因為他們的學經歷亮眼而對他們的能力有信心。但我從來不會只看應徵者的學經歷，我要的千里馬是有熱情、渴望成長的人。我曾雇用在用戶體驗方面沒什麼經驗的人，如建築師和遊戲開發者，他們後來成為用戶體驗研究的佼佼者。

我發現那些追求學習和成長的人會對回饋意見抱持開放態度，而且願意面對新的情況。與他們合作是一種充滿活力的互動，他們會採納我分享的想法或願景，加以消化、吸收，然後在案子成形的過程中不斷來回討論。這就是最有意思的地方，因為我們就好像在跳舞。不同意見的交流讓我們精益求精，迸發出意想不到的創意。

同理心就是一起展現人性特質，彼此連結，而不是把自己隔離在自我的小宇宙中。你們不只是彼此需要，如果想成就好事，就必須了解他人，讓他們一起參與。歸根結柢，同理心就是變革的泉源。

輝柏公司（Faber-Castell）是一個家族企業，在紐倫堡附近的施泰因（Stein）舉行領導階層和策略合作夥伴年會。在這場會議的前一晚，我與這個家族當家的瑪麗・馮輝柏－卡斯特爾伯爵夫人（Countess Mary von Faber-Castell）和她的女兒凱瑟琳娜伯爵夫人（Countess Katharina）共進晚餐。凱瑟琳娜不但邀請我與會，也希望我跟輝柏合作，進行一些創新計畫。會議在這個家族擁有的一座城堡中舉行。我承認，我對這座歷史悠久的城堡很感興趣。

三百多年來，輝柏一直生產昂貴、品質卓越的鉛筆、鋼筆、美術用品和文具，銷售網路遍及全球。該公司成立於一七六一年，經歷過工業革命和多次戰爭，也能適應數位時代，並快速現代化。輝柏在凱瑟琳娜已故的父親安東－沃爾夫岡・馮・輝柏－卡斯特爾伯爵（Anton-Wolfgang von Faber-Castell）的領導之下成為全球知名品牌，也是永續發展的先驅，勇於負起企業環境責任。

從各方面來看，輝柏依然是精品文具的常青樹。但凱瑟琳娜向我表達她的憂慮：她不知道公司領導階層和全球八千名輝柏員工是否具備駕馭未來的遠見或能力？她只是務實的思考——她想知道，十年後，鉛筆和鋼筆製造商是否能為習慣使用電子設備的消費者提供有價值的產品。

這個案子太有意思了，包含所有吸引人的元素：屹立數百年的傳奇老店、貴族、引人入勝的商業故事、精美的產品和日益萎縮的顧客群。我有信心能幫他們找到創新的方法，但我發現自己馬上面臨一個挑戰：了解這家公司幾位掌門人鮮明的性格和複雜的觀點。

我和每一位成員交談，談了三個月後，下面就是我了解的梗概：

目前當家的瑪麗伯爵夫人關心的是維護公司的傳統、歷史和地位——求新求變不是她在意的。她的女兒凱瑟琳娜充滿活力而且具有前瞻思維，但很難說服其他人公司迫切需要創新。

凱瑟琳娜的弟弟查爾斯伯爵（Count Charles）決心接管

公司領導權。當時的執行長丹尼爾・羅格（Daniel Rogger）則把心思放在負起責任，好好經營這家公司。至於凱瑟琳娜的妹妹，維多莉亞伯爵夫人（Countess Victoria）和莎拉伯爵夫人（Countess Sarah），則只考慮自己的職業生涯。

這些人都希望公司永遠屹立不搖，但家族企業是出了名的複雜，要讓這一家子齊心合力談何容易？我得設法了解每一個人的動機，才能說服他們把企業創新擠進個人的計畫當中。在他們的合作下，我們啟動一個內部創新輔導社群，為組織各個階層的人提供培訓計畫。我們還創建了新的使命、願景和價值宣言，而且表達公司面對未來的立場。至於凱瑟琳娜的問題——未來輝柏能提供什麼給這個世界——我們還沒有答案，但我認為我們已經在思考一個更好的問題：無論未來會帶來什麼樣的機會或挑戰，輝柏是否做好準備？

在提出問題時，運用預測性同理心來考慮一些可能性，就能激發想像力和創意。我多次在 Google 舉辦的一個創新培訓計畫中利用一種名叫「未來輪」的工具。這是一種視覺工具，在情境規劃中用來探索任何事件或趨勢在未來可能造成的直接和間接影響。我們會從想要探索的主題開始，把這個主題寫在白板中央——例如，我們的主題是自駕車。

改變你的思維模式
Change Your Mindstate

察言觀色

每次你在公共場合，都可以做這個實驗，如坐在等候室、排隊、搭乘大眾交通工具或等待會議開始。在你視線範圍內挑一個人。最好選擇陌生人，就可儘量減少假設，專注於觀察和預測。別讓對方發現你在觀察他，也就是說，要有禮貌，別盯著人看。

觀察：仔細觀察這個人的外表、面部表情、肢體語言、行為以及與周圍環境的互動。不要評判他們，也不要侵犯他們的隱私。

運用同理心：想像在你觀察的當下，他們可能在想什麼或有什麼感覺，此刻心情如何。

預測：根據你的觀察，預測他們對某一個簡單的情況（符合當時環境的任何合理情況）可能會如何反應。例如有人叫他們的名字或突然下雨，他們可能會有什麼樣的反應？

反思：注意這個人在你觀察期間的反應。他們的反應符合你的預期嗎？或者在你意外之外？

重複：每次你在類似的情況下，就重複這個練習。你做得愈多，就能更敏於察覺他人的情緒狀態和行為。

錄下來，用線條連到白板中央的「自駕車」。

然後，我們再問：這些最直接的影響發生之後，會帶來什麼結果？汽車維修費用減少、交通死亡事故變少、交通維護成本增加。我們繼續探究一層層的間接影響，直到我們想出所有可能的後續影響。

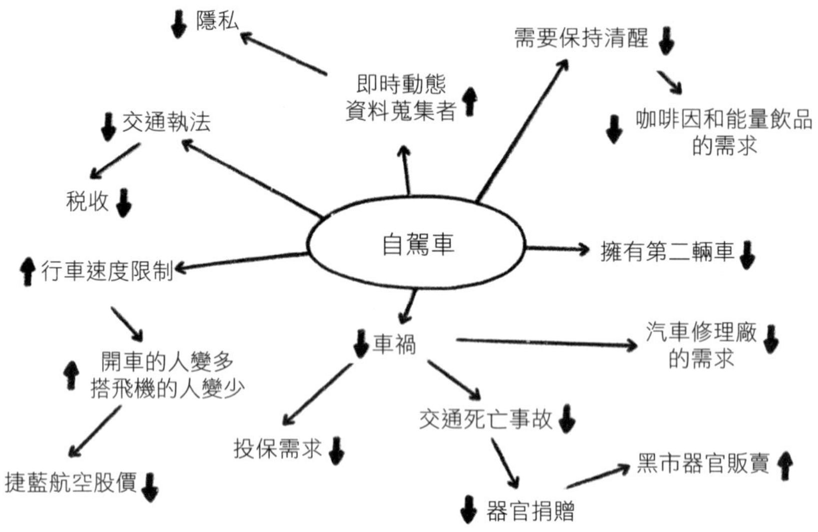

此時，我們看到的是一個有點混亂的輪狀圖（坦白說，這圖看起來更像是心智圖而非輪狀圖），然而還是顯現了一些模式和令人驚訝之處。我們可根據結果發生的可能性及其潛

在影響進行排序。在這個例子中，結果可能是：1）交通死亡事故減少，2）更多人選擇開車而不是搭飛機，以及 3）增加稅收以因應道路維護費用的增加。

現在可以制定策略，充分利用正面效益，降低負面衝擊。針對最令人驚訝的影響，想想看是否有創新的機會。例如，也許現在正是開發一種新型公路建設材料的好時機，未來自駕車就可一邊行駛一邊充電。

運用同理心測試潛在情境和可能性時，也就創建一種「選擇清單」，有助於決定下一步要怎麼做。思考每一個情境對你的願景、價值觀和幸福可能發生的短期和長期影響。評估這些影響是否合乎你的需求及其可行性，並考慮要採取行動需要哪些資源和技能。這雖然不是決策樹，但確實顯現值得考慮的選擇。預測性同理心也是一種面對未來的同理心。以人為中心及結果導向的思維，能幫助你預測將來生活在這個世界中的人需要什麼，以及會有什麼樣的經驗。你必須想像他們的觀點，並考慮他們和自己的需求。如果你不能用同理心看未來，後代將無法擁有「更好的世界」。

我在職業生涯早期曾在德勤會計師事務所（Deloitte & Touche）擔任顧問，參與為南非女性企業家提供資金的一個專案。我在開普敦的一間小辦公室整天接聽女性的來電。來電者都在尋求創業建議和資金。她們只有一小段的時間可以利用這個機會，所以我得儘快了解她們的個人情況和目標，才能幫助她們申請資金。這就像是創業的「閃電約會」。

在四個月的時間裡，我幫助很多女性擬定商業計畫，從咖啡館／藝術空間到二十四小時健身工作室，乃至為大型快餐連鎖店供應食材的養雞場。她們的個人故事和抱負教我聽得入迷，這個經驗既強烈又令人振奮。我逐漸了解她們的挑戰、希望和野心，我發現她們對未來的熱情和興奮也感染了我。

發揮同理心能促進個人成長，因為你不得不了解他人的觀點，並以此做出回應，雖然有時只是表達你內心的想法，但這顯示你的理解——這種新的理解豐富了你的視角，使之更加真實，而且更能包容這個多樣化的世界。

好奇心決定你前方道路的走向，而擴展同理心則會影響這些道路的深度和意義，讓你更清楚自己的感受，使你的使命更加明確，也讓你為未來的選擇做好準備。這就是「我／我們」與「你／你們」之間的橋梁，提醒你在每一個轉角，你的未來不是一個人獨行，而是與他人共同經歷和分享的。讓雙方都能從中受益吧！

人際關係能為你帶來更多機會嗎？

Do human connections amplify opportunity for you?

試試看
Try This

把手放在胸口。回想你完全憑靠直覺做出的一次大膽舉動。想想你當時的興奮。這件事是否帶來任何改變？

Chapter 7

你的 X 特質

「X 特質」是你獨特的超能力，是在你內心熾熱燃燒的力量，
對於現今發生在你身上的事以及你的未來，都有強大的影響力。

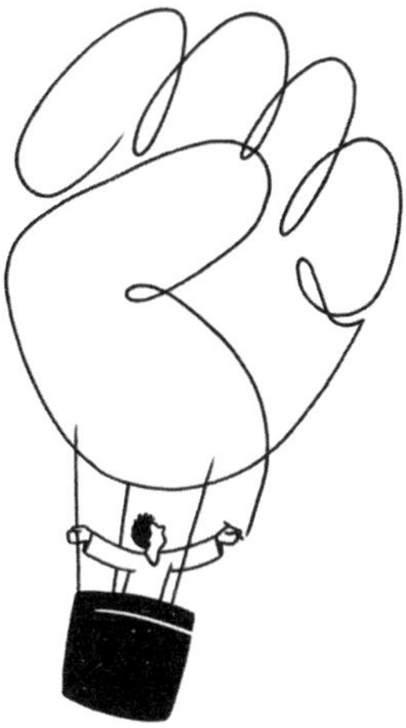

你也許聽過這個問題：你會給十六歲的自己什麼建議？或是這樣的問題：什麼事情是你現在才知道，但你希望自己二十歲時就知道了？

我知道這很常見，成功人士會把他們的經驗和智慧打包，推銷給渴望成功的新手。但我不了解，為什麼我要問年長的自己，年輕的自己應該知道或做什麼？

我過去犯的錯誤或走過的歧路是 a）構成今日之我的一部分，而且 b）已經成為過去。那列火車不但已經開走了，還抵達當下（對年輕的我來說，就是未來）。給別人一張路線圖，標示出所有的陷阱和減速丘，充其量只是提供一種防禦策略。盯著後視鏡不會讓你進步。

找出面對未來的里程碑才能讓你走得更遠，才不會為了過去犯的一個錯誤糾結不已。這些里程碑是在你人生旅程中影響未來走向的關鍵時刻和轉捩點——無論是高峰還是低谷。你可以在任何人生階段回顧這些里程碑，看到塑造自己人生的事件，以及你對這些事件的特別反應。這是一種回顧性的觀點，最終會停在你未來的起點，提醒你，未來——即將發生的事——其實就是你的下一個選擇。我自己面對未來里程碑看起來就像這樣：

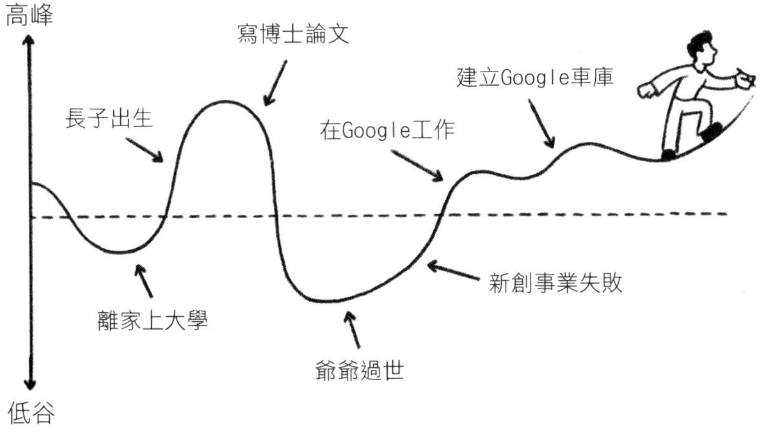

現在回顧這些人生里程碑，首先注意到的是，我可以平靜看待這些過往。例如我爺爺去世這件事確實對我打擊很大，但與人生其他重要事件一同審視時，我更能體會這個里程碑的重要性——這件事使我放下所有藉口，不再猶豫不決，也驅使我從世界看自己，而不只是局限於我成長的地方。

長子出生讓我雀躍不已，但我也清楚看到，這是一個全新而富有動力的因素，影響我未來的人生方向。我的選擇變得更複雜，但同時也更有趣，因為我現在要考慮到的是一個家庭，而不只是我自己。

你的X特質

在我的里程碑圖上，我還看到另一個重要因素。這是我的一種特質，不但是這些事件的引線，也影響我的反應。這種特質——一種強烈的行動傾向——就是我所說的 X 特質。我的 X 特質是一種初始設定：直接採取行動，不會過度思考或執著於結果。我相信沒有完美的決定，我採取行動時多半能幫助我快速學習和適應環境。這種行動傾向也讓我能夠看到機會並立即把握。有人看到機會，會立刻跳出來抓住，而我就是那種人。

幾乎我擁有的每一個工作和教育機會，都是這種行動傾向形成的結果。我申請過不只六十個客座研究人員職位，最後在史丹佛大學覓得一職。我在沒有徵求任何人許可的情況下建造了 Google 車庫。在職業生涯早期，這種特質使我在世界上最偏遠的地方，做一些以前從未考慮過的工作。這種特質與其他層面（特別是開放和實驗精神）結合時，使我能夠快速行動並做出決定——通常是有風險的選擇——這些選擇讓我得以成長。行動傾向也是一個強大的推進器，把我推向那些原本永遠不會遇到的機會。

人生一些重大改變時常發生在瞬間，無論是快樂的，還是令人沮喪的。這些重大事件很容易辨識，其他變化則需要更長的時間才會顯現，通常是我們經過那段歷程，進入另一個階段之後，才能看清或了解這些變化帶來的好處。讓這些事件成為面對未來的里程碑，不論是正面的還是負面的，都能成為驅使你前進的動力。

現在，你已經知道，激進的樂觀主義能使你看到前面有更好的機會；毫無保留的開放你擁抱未知的選擇；強烈的好奇心給你尋找並發現未來的選擇；不停的實驗給你試測並嘗試未來的選擇；擴展同理心則讓你的選擇更有意義，而且以人為本。

準備好面對未來的心態能讓你看到可供選擇的道路，讓你能透過每一個選擇塑造未來。你的 X 特質影響你的選擇，使未來成為專屬於你的未來。套用阿涅絲．寧（Anaïs Nin）的話，* 你的 X 特質是獨一無二的，是你洞視世界的透鏡，而你看到的不是這個世界本來的樣子，而是你內心的投射。你的 X 特質就是貫穿你人生事件的主線，推動著你向前。經過一段時間之後，這將成為一種具有代表性的反射行為，在塑造你的未來方面扮演著愈來愈重要的角色。你可以想像這

* 譯注：阿涅絲．寧：「我們看見的不是事物的本質，而是自己的樣子。」

是一隻握住船舵的手，有力、自信，幫助你向前進——這就是你的 X 特質。

要充分發揮你的 X 特質，你應該了解此一特質在你的整體敘事以及日常故事中的角色。然後，好好利用，讓不可能的事成為可能。

列出你的人生里程碑

回顧自己人生的高峰和低谷，想想那些感覺像是重要轉捩點的時刻——可能是讓你激動的事件，也可能是具有明顯轉折或促進深刻學習與成長的長期發展。畢業、結婚或升職等往往不是你想的「大事」。反之，與人際關係或某個事件有關的領悟可能才是關鍵。

在一張橫向的空白紙上，從左到右畫一條橫線。左邊代表你人生最早的階段，右邊則代表今天的位置。把正面經歷寫在橫線上方，負面經歷寫在橫線下方。接著在上面列出五到十個里程碑事件，並在每個事件下方簡要描述。看看這些事件，思索以下問題：

✓這些里程碑事件發生時，你還記得當時的心態嗎？

✓你在每個事件發生之後採取哪些行動？

✓你是否能從事件當中發現自己學到了什麼，而你學到的東西如何影響你對下一個事件的處理方式？

✓你對這些事件的反應是否受到某個因素的影響，而這個因素甚至是促使事件發生的原因？

你也許會發現，在每個里程碑時刻，有一種像突觸的東西，一種帶有能量的連結，突顯這個因素的存在。也許你還記得自己在某個時刻做出決定。不管這個決定是你不假思索的反應，或是經過深思熟慮才得到的，你對這個選擇有清楚的認識。對你來說，這麼做是合理的，因為這個因素幫助你表達自己是誰，以及你有哪些信念。

時間會強化你的 X 特質，並使這個特質成為你做出回應或促成這些里程碑事件的決定因素。曾在Google服務的爾思．查理亞瓦塔納拉特（Earth Chariyawattanarut）在泰國長大，但在全球各地生活和工作。他的 X 特質就是具有洞視他人的能力。從童年開始，他就在這種特質的指引之下，經歷各種不同的經驗、機會和挑戰。兒時，這種特質使他這個「新來的孩子」適應不同的狀況和環境。隨著生涯的發展，他發現透過了解別人的觀點，才能知道什麼是重要的事。

這點可說是他在跨組織和跨產業建立夥伴關係的關鍵。爾思說：「對我來說，這不是一種靜態的特質，而是一個動態的過程，不只是了解他人，還包括使人團結，在多元環境中促進和諧。」

你或許不一定能察覺自己的X特質正在塑造前進的道路。有時，你早上醒來突然意識到「噢，我在另一個地方了！」或者你可能無法把你的X特質和現今的發展連結。儘管蘿拉·瓊斯深知自己的優勢，有時仍意想不到這些優勢能帶她到什麼樣的境地。[1]

Meet
the Future
Readies

你的未來嚮導

蘿拉・瓊斯

建立驚人的連結

我讀大學的時候，不但選修了所有藝術課程，還在舞台設計工作室工作。由於我主修經濟學，每一個人都認為我會當企管顧問或在投資銀行上班。我後來在德勤會計師事務所工作，老是出差，只得以飯店為家，從早到晚都埋首於試算表中。我需要一個能讓我發揮創意的地方，所以找了一間工作室，如果沒出差，晚上就會去那裡畫畫。你或許會覺得我這樣就心滿意足了吧，其實這只是讓我更難接受當時選擇的生涯路徑。我發覺自己不能再這樣下去，我得找一份能連結我的分析能力和創造性思維的工作，才能完全做自己。

接下來是一段自我探尋的旅程。我離開原本居住的華盛頓特區，來到舊金山，在史丹佛商學院就讀。我也和一些跨足商業與創意領域的人見面，想了解是否有適合我的機會。

朋友告訴我，史丹佛設立了一個新學院，與設計、商業和創意有關，我很感興趣。

我想找人談談，結果發現這個學院竟然不在校區的建築中，而是在一部掛著牌子的拖車裡。我還記得自己伸手去摸這部拖車，心想：「這裡面的東西就是我的命運。」結果真是如此。設計思維的世界把我的一切，包括我的興趣、長處、個性等都連結起來，不只幫助我看清自己想要走的路，我還愛上那種什麼事情都充滿無限可能的感覺。

商學院畢業後，我在 Visa 工作，負責行銷和策略。記得在史丹佛設計學院歷經創意洗禮的我，第一天上班時，我站在自己的小隔間裡，看著四處可見的灰色地毯，心想會有什麼樣的工作在等著我。有人給我一疊文件，告訴我，我的第一個任務就是在即將舉行的全員會議上做消費者洞察報告。

在學校裡，我學到用不同的角度看同一件事，接受這是完全不同的東西。我相信同事一開始認為我將呈現的是有圖表、簡單明瞭的幻燈片簡報。然而，我利用所有的資料創造了一支沉浸式的主觀視角影片，從頭到尾都加上配樂。大家看得目瞪口呆，好像在驚嘆：「我到底看到了什麼？」這一刻為我的生涯發展翻開下一章，我開始整合、實踐所有學到的東西和價值觀。

離開 Visa 後，我在 Google 工作了四年。我在這裡找到了釋放能量和展現抱負的絕佳管道，學了更多，也發揮更大的影響力。我接到 Uber 打來的電話，希望提供新的機會給我時，我已經很熟悉 Google 的環境，而且還懷孕了，我不確定自己是否能踏出這個舒適圈，冒險去做可能會失敗的事。此時，我想起當年站在史丹佛設計學院拖車外的感覺，知道自己必須抓住這個機會。

我的 X 特質經常強化我的經驗，使我得以洞視不尋常或反直覺的連結，而這些不同的人或想法之間的連結能創造別人不曾想過的機會。這就像一個調色板和顏料擺在我面前，但我能看到別人看不到的顏色組合。例如，在 Google，我把時尚人士和工程師聯繫在一起，製作可直接購買的影片。我在食品雜貨配送平台 Instacart 工作時，由於我了解創意、績效行銷和數據科學的語言，讓我可以實驗真正有趣的新想法。

也就是說，我多半在做一些過去從未做過的事。我推動的一個案子從一份備忘錄開始，過了幾個月，經過無數聯繫之後，最終促成了饒舌歌手麗珠（Lizzo）在布拉格的一個浴缸為 Instacart 拍攝廣告。* 這支廣告在二〇二二年 MTV 音樂

---

* 譯注：參看「世界在你的購物車裡」（*Lizzo | The World is Your Cart | Instacart*, https://reurl.cc/93Aggj ）。

錄影帶大獎頒獎典禮上首播，精彩絕倫、令人驚奇——這正是你在人生中勇敢跳躍時期望得到的。

無論在人生的巔峰或是低谷，你的 X 特質總會提醒你可能達成什麼事。這種特質會踢你的屁股，把你從舒適區推向危險區（通常是良性風險），會考驗你，讓你了解自己真正的能力。

一個組織的 X 特質也會體現在其文化中。例如，特斯拉（Tesla）和 SpaceX 的文化特徵就是冒險，以及從反覆實驗的成敗中學習。可以說「擁抱失敗」就是他們的 X 特質。如果你為這兩家公司繪製面對未來的里程碑，會看到這個特質在每個關卡的影響。

執行長伊隆．馬斯克（Elon Musk）曾言：「如果沒有失敗，那就是創新不足。」SpaceX 的星艦原型機墜毀時，馬斯克會為了從任務失敗蒐集到的數據祝賀工程師。客戶指出缺陷時，特斯拉工程師會渴望找到解決方案。有一次，一名叫喬（Joe）的特斯拉車主抱怨車子警報太大聲，經常吵醒睡著的寶寶。於是，在接下來的軟體更新中，特斯拉推出「Joe 降音模式」為消費者提供較安靜的警報選項。擁抱失敗使馬斯克的公司能透過不斷的實驗，快速、持續的學習，在航空和電動車產業的領域向前發展。

改變你的思維模式
Change Your Mindstate

不作為的代價

在你的里程碑圖上，看不到的是你沒有前進，甚至可能倒退的事件或時期。這些情況常常是由於選擇不採取行動造成的，即使你的X特質鼓勵你這樣做。想想你人生中的三個情況，你決定什麼都不做，而非跟隨你的本能。對每一個情況，試著回想，什麼原因阻止了你採取行動？這三個情況的最終結果是什麼？是你不採取行動的結果嗎？你對這些結果滿意嗎？

現在，針對每一種情況，想像你若採取行動可能會發生的兩種不同結果。想像中的結果是否比實際結果更好？是否更符合你的價值觀或抱負？不作為的代價永遠會大於犯錯的代價。下次，你若發現自己在猶豫，不知是否要採取行動，想像一下可能的結果，然後問自己：我的X特質會如何影響我？

仔細審視自己

如果你把 X 特質看作是你個人敘事長弧中一個反復出現的角色，當你將自己的經驗切片，就會看到這種特質與你面對未來的其他面向產生微妙的交互作用。想想這幾天或這一週，你感覺發生了很多事。也許你有個大案子必須完成，或是朋友陷入危機，需要你的幫忙。把事件發生的前後幾天分解成小小的片段，就像先前繪製人生的高峰和低谷那樣寫下你的經歷。這次，思考你面對未來的各個面向在事情發展的過程中扮演什麼角色。例如你有機會向投資者提案，這個經驗也許看起來像這樣：

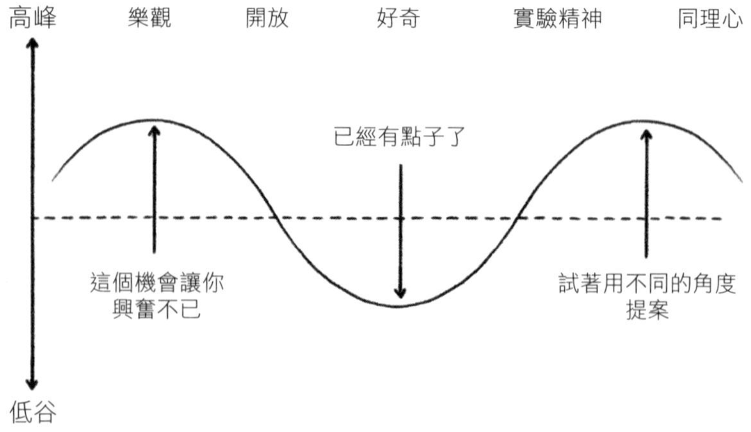

可想而知，你對這個機會滿懷樂觀。但你比較少運用開放和好奇心的面向，也許是因為你所有心思都在這件事情上，沒去探尋其他可能。在你準備提案時，實驗精神幫助你嘗試不同的方法。也許你缺乏足夠的同理心，因為你幾乎只考慮到自己——你是資金的募集者、白手起家的創業者、擁有偉大構想的人。

現在畫一條線代表你的 X 特質——在此，我們稱之為**善用資源的能力**——看這個特質與其他面向的關係。

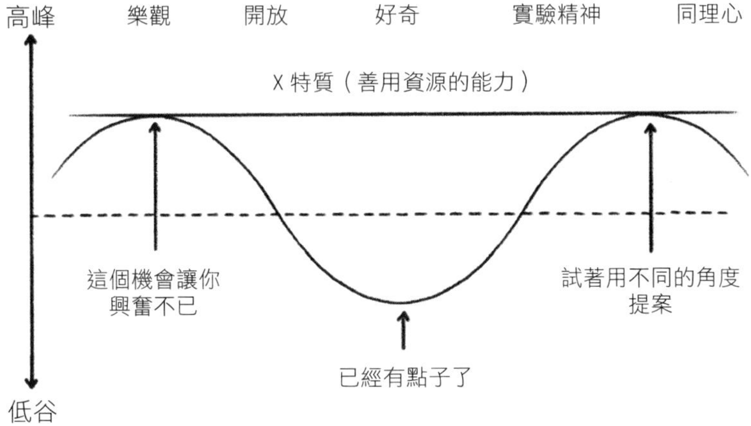

看看 X 特質如何與好奇心和同理心相輔相成達到高峰。沒有這種特質，這些面向就沒有那麼大的作用。然而，能善

用資源的人會利用好奇心去找到一些點，並連結起來，讓機會的價值達到最大。而同理心則能使他們考慮投資者的觀點和利益，用最恰當的說法描述這個想法的前景。

要增強面對未來的其他面向有很多做法，但你的 X 特質基本上會自行成長。你原本具備的特質會隨著時間變得更加明顯。由於這是一種優勢，你會認為只對你一個人有益。但這是一股非常強大的力量，有時可能會讓你陷入不安的情境，或是把你帶到不想去的地方。

以我自己為例：每年夏天，我都會帶著妻兒回到德國老家，參加藤條節（Rutenfest）。這是可追溯至十七世紀的傳統節慶，在暑假開始前舉行，為期五天，包括學生頒獎典禮、射擊比賽和社區聚會，高潮是每年吸引數萬名觀眾的大遊行。參加遊行的隊伍都穿著傳統服裝，包括行進樂隊、樂手，而鼓隊則是來自這個城市的所有高中，最有名的鼓隊就叫作鼓樂團（Tommlerkorps）；我高中畢業那年曾擔任這個鼓隊的指揮。這個鼓隊已有一百五十年以上的歷史，成員共三十四名。能被選為指揮，對我而言，實是一大殊榮。

二〇二三年藤條節來臨前，一位校友告訴我，學弟不再熱衷參加鼓樂團，今年只有二十二名學生參與演出，跟往年相比少了十二人。我非常震驚。我覺得必須採取行動，就在節日前夕，和一位朋友寫了篇文章，在當地報紙投書。我們提出幾個新的做法，希望我們的鼓樂團更包容，也更民主，以延續鼓樂團的歷史。我們的建議包括允許女生加入鼓隊、投資更好的樂器和服裝，以及促進社會參與——所有這些想法都很合理，我們希望能重新激發學生對鼓樂團的興趣。

結果，事與願違。在節慶期間及之後很長的一段時間，報紙網站出現數百條針對我和朋友的惡毒評論，這些評論非常具有攻擊性，甚至帶有威脅，叫我們滾回加州，不要多管閒事。這種反應讓我非常震驚，特別是我有一些老同學也因為這篇文章寫電子郵件給我，說要與我絕交，我更覺得不可置信。

我感覺自己就像救生員，跳入泳池去救一個快溺水的人。那個人卻對我大喊，叫我走開。那幾天，我真是要瘋了。會這樣完全是因為我太熱愛這個團體，急於行動的結果。然而，我並不後悔採取行動，而是後悔沒能更仔細思考別人的反應，以及現在才行動，為時已晚。幾年前，我有機會幫助這個團體思考未來，那時就該採取行動。不過，我深知：如果這個團體決定嘗試新的想法和做法，會發現更多機會，而機會也會找上他們。這麼做有益無害！

你無法對自己的 X 特質按下暫停鍵。這種特質會強烈影響你做每一件重要的事。爾思．查理亞瓦塔納拉特說，有時他會發現自己跟他人在同一個頻道上，就會開始吸收對方的能量。如果是正能量，那就沒問題，若是負能量或焦慮的情緒，就不太好了。他學會注意這種情況，就能設法不受影響，讓自己的心態保持健康。

你必須注意你的 X 特質對思維和行為的影響。陷入漩渦時，要設法從中學到東西，並把這次的經驗和面對未來的其他面向結合，讓自己安全上岸。前 Google 領導教練莎拉．戴佛洛發現，面對最大的挑戰和取得重大成就時，她的 X 特質都是關鍵因素。

Meet
the Future
Readies

你的未來嚮導

莎拉・戴佛洛

運用你所有的力量

我在密西根州底特律市郊長大，生於一個直率、頑固、善良的家庭。長輩教我為自己的信念奮鬥。我祖母在六〇年代是一位環保人士，為了倡導環境保育，費盡千辛萬苦。她從不妥協，會從各個角度窮追猛打，直到說服每一個人。我明白她為什麼這麼做——這樣似乎更有效率，因為她所面對的問題非常緊迫。但這不是最有成效的方法。

多年後，我負責 G2G（Googler to Googler）計畫。這是Google的員工學習網路，鼓勵員工分享知識、技能和經驗，透過同儕交流，促進學習和成長。

我花了大約八個月的時間建立這個計畫的運作架構。當時我跟主管開了一次視訊會議。我告訴他，我們已經準備好擴展這個計畫。我在很短的時間內做了這麼多，我認為他看了一定會非常高興，接下來必定會跟我談升遷的事。沒想到，他說：「莎拉，你的工作能力很強，但你把人逼得太緊，讓人反感。如果你不認真改變這種管理風格，學會帶人，我就沒辦法幫助你更上一層樓。」

起先我很不服氣，難過到眼淚快掉下來。我雖然跟主管關係不錯，但還不到可以在他面前情緒失控的地步。於是我說，今天先談到這裡，其他的明天再談吧。接下來，我躲在角落哭了一會兒，心想，主管不是每一次都把我逼到極限嗎？現在才這樣說，太荒謬了吧！如果時間壓力就是這麼大，哪能悠哉悠哉的？主管給我的評語，讓我既驚訝又受傷。

然後我想起幾年前設立 Google 波士頓辦事處發生的事。那時，由於時間緊迫，連續三個月，我發狂的工作。為了趕上期限，我給大家很大的壓力，也得罪不少人。我記得當時不止一次聽到有人形容我是「推土機」，但我一心一意想完成目標，暫時不管別人怎麼說我。

我信任主管，知道他說的是實話。於是我決定改變。基本上，我為自己擬定了一個發展計畫，向人請教，大量閱讀，也去上各種課程。有一點我很疑惑：主管經常指派我負責某些案子，正是因為我像推土機一樣，鏟除障礙，使命必達。在我轉變的過程中，有人甚至告訴我，我的表現似乎不像以前那麼出色。我說：「嗯，那是因為我正在嘗試用更有耐心和更深思熟慮的方式來完成任務，要有績效，又要顧及每一個人的觀點，實在需要時間。」

這是我經歷過最大的挑戰。每次必須跟時間賽跑時，我總會想：「這是特殊情況，也許我應該讓過去的我來處理。」但我必須不斷提醒自己，除非我成為未來的我，也就是更好的自己，否則無法改變我在這個世界中的行事方式，也無法發揮我期望的影響力。我花了整整六年的時間，才能用我想要的方式處理問題和人際關係——也就是察覺當下，呈現最真實的自我。直到今天，我還是沒辦法做到別人希望我表現的樣子。我很固執、強勢，而且不夠圓滑，但我對人親切、富有同情心，而且對他人的經歷好奇。我還是原來的我——從頭到腳——但我願意擁抱不完美，而且更在意自己對他人的影響。

用創新克服危機

今天，我在教練和引導方面的工作獲得更大的滿足和快樂。我變得更好奇，也更在乎我與他人相處的方式。幾年前，我回密西根定居。儘管最近我時時刻刻都在打電話給我能想到的每個政府機構和官員，討論密西根東南部休倫河的危機，但我仍然樂觀。近日我老公對我說：「真難得，你在跟一家污染密西根水域十年的百萬美元公司抗爭，心情還能這麼好。」我想，我之所以樂觀，是因為我給這個挑戰一個新的框架，告訴自己和他人：「讓我們把這場危機變成創新的催化劑，用不同的方式思考五大湖區的未來。」

有意思的是，我的 X 特質——堅毅——不只是我克服最大成長挑戰的力量，也讓我找到一種更滿足也更有影響力的生活方式。如今，我確信，與意見相左的人一起創造某些東西，是實現永續進步的唯一途徑。我的祖母可能會跟這些人一決高下，但我認為，將一切變成戰鬥，正是讓我們陷入困境的原因，缺乏有意義的對話，也不可能共同創造好的變革。

我現在不喜歡朝九晚五的辦公室工作。對我來說，工作是關於夢想、腦力激盪和創新想法，所以傳統的辦公室對我的大腦來說非常局限。我住在科羅拉多的時候，廚房裡有一張很棒的石桌，我最喜歡在這張桌子上工作。我們要從科羅拉多搬到密西根時，搬家公司不慎摔到這張桌子。我本來以為沒問題，到新家拆開時，卻發現桌子中間明顯有一道裂縫。

我把這張桌子擺在新的工作空間，每次看到那道裂縫就感到惱火。我一直跟老公說，我受不了那張桌子，我們得訂購一塊新的石板，把桌面換掉。他說：「也許你可以把這道裂縫當作一個提醒，提醒我們已經克服種種難關，搬到現在這個理想的家園。」我心想，好啊，保羅，你這思維轉變可真厲害。現在每次我看到這道貫穿整張桌子的裂縫時，都會想，是啊，我做得到。給我挑戰，我一定勇敢面對，因為我已經在一個最好的所在。

你愈注意你的 X 特質，就會發現自己更常刻意利用這個特質，你對這股力量的掌握也變得更強。當我還在大學擔任研究員並攻讀博士學位時，曾考慮創業。我問自己：該不該去做？我了解要創立這家公司，得投入大量的時間和資源，但我也知道，從以往的經驗來看，每次我決定採取行動，都能從經驗學到東西，進而獲得改變。

結果，這次創業失敗，我很難過，但我並沒有被失望壓垮。我想這是因為我已學會如何在跳躍之後「著陸」。我也學到一點，X 特質不一定會帶來戲劇性的突破或巨大的成功。不過，每一次經驗都會強化這個特質，久而久之，我就愈來愈擅長掌握行動的時機，這也要歸功於**面對未來的其他面向**持續在增強。

當你的 X 特質主導思維，且面對未來的其他面向達到巔峰，如你的開放、好奇心或同理心，出現在你面前的選擇就很清楚，而且很有吸引力。

改變你的思維模式
Change Your Mindstate

故事

不管你多了解自己或自己的故事，一旦聽別人描述你，你總會感到驚奇和有所啟發。想一下，找出在你生活中角色截然不同的三個人——譬如你的另一半、其他家庭成員、同事或是你的友人。請他們講述一個與你有關的故事，以及在這故事中他們認為你的 X 特質如何發揮作用。如果必要，你可提出一些問題，挖掘更多細節，幫助你了解他們怎麼看你的 X 特質。即使他們講述的是你熟悉的故事，仍可能會有新的見解，讓你了解別人怎麼看你。你甚至可能發現一些以前沒想到的重要里程碑，在你的人生地圖增添新的指標。

化圓為方

幾何學中有一個難題叫做「化圓為方」，最早是由古希臘人提出的。他們想知道，如果指定一個圓形參考圖，能否只用圓規和直尺畫出一個面積相同的正方形。幾百年來，數學家苦思這個問題，直到十九世紀晚期，林德曼－魏爾斯特拉斯定理（Lindemann-Weierstrass theorem）才證明這個問題無解。從那時起，「化圓為方」就成了一個隱喻，意指試圖完成不可能任務。

我喜歡這個說法。「化圓為方」不會讓我想到失敗，而是會想到嘗試做某些新東西或執行困難任務所需要的勇氣與主動，儘管你知道這可能無法實現。好幾個世紀的數學家在黑板前研究這個問題，互相啟發，擺脫自我懷疑和失望——這個景象讓我想到，我這個人在這個世界上嘗試的一切，可能是未來解決方案的一部分。我可能永遠看不到自己努力的結果，但我滿懷信心，我的努力在未來必然會產生影響。這是準備面對未來非常重要的一點：知道自己做的每一個選擇都有影響力，不管是明天或是遙遠的未來。

賴利．佩吉曾說：「對不可能要抱持健康的懷疑態度。」讓你的 X 特質幫助你做到這一點。在你面對挑戰或障礙時，你的 X 特質會提醒你，你有能力應對，而你準備好面對未來的其他面向也會帶給你創意，幫助你用行動解決。

傾聽你的 X 特質。這是你面對阻力時最強大且可靠的答案，不管阻力是來自外在或是你的內心。如果你猶豫不決，不知是否該面對某個挑戰，請回想你的 X 特質過去為你帶來的改變。因為這個特質，你對自己的選擇有信心，而且相信自己在一個可以成長與學習的地方。因此，當你面對困難時，X 特質就是你的祕密武器。

二〇一二年，史丹佛大學推出大學創新人才培育計畫，這是讓全球大學生參與教育未來的重要對話。因為這個計畫和我喜愛的主題——創新和教育——有關，我很快就加入，共襄盛舉。這個計畫由創始人萊堤西亞・布里托斯・卡瓦納羅（Leticia Britos Cavagnaro）領導，為參與者提供驅動教育創新的訓練，孕育變革推動者。超過兩千五百名學生參加這個計畫，回到家鄉後，進行推動變革的艱難任務。萊堤西亞描述自己的 X 特質是跨領域思維，教學生了解如何才能成功推動變革。

萊堤西亞說，我們經常陷入困境，是因為我們不習慣在概念與實務之間來回切換。這種能力等於既可看近，又可看遠，或者能夠了解在接下來三十分鐘內發生的事，與過去十年你的根本理念和目標有何關聯。這個計畫推出的前幾年在 Google 舉行年度聚會，身為主持人的我親眼見證了這一點。

二百五十人參加這次的活動，但會議室大約只能容納兩百人。雖然現場氣氛充滿熱情和創意，令人振奮，但有些基本程序的安排顯得效率不佳。會前，我們討論如何安排上廁所的時間。萊堤西亞掃視場地，說道：「我們不能讓所有人同時去上廁所。二百五十人通過門口會花很多時間，排隊上廁所再回到座位，也會很久。我們應該宣布，想上廁所的人隨時可以去上。」在那一刻，她迅速評估時間和空間，鎖定一個關鍵細節。如果沒有預先考慮到這點，那就完了。

我學到的一課是：要解決大問題（以這個例子而言，是二百五十人擠在一個不夠大的場地），就必須著眼於大局，還要能夠注意到細節。這很難，但並非不可能。萊堤西亞有一種獨特的能力，她同時具備望遠鏡與顯微鏡的視角，而且能流暢的在這兩種視角之間切換。我們很幸運，所屬的團隊或組織重視這兩種視角，也能面面俱到。

要成立一家新創公司總是得歷經千辛萬苦。你賭上一切——你的想法、名聲、時間、金錢，甚至是別人的金錢——而且你知道成功機會不大。這就是為什麼在你思考是否創立一家公司時，乃至於真正付諸行動後，你的 X 特質會是一個有重大影響力的因素。這個特質也是一個獨特的競爭優勢，雖然可能不在你的商業計劃書中，但很可能會決定公司成敗。

想一想：你想做什麼

過去，我在 Google 的助力新創公司成長計畫（Google for Startups）一次又一次見證到這一點。這個計畫在二〇一一年啟動，支持全球各地創業社群的發展。在這計畫中的「創新設計師」專案，我與二十位波蘭企業家合作，幫助他們成為促進創新的領導人，培訓其他有抱負的創業者進行以使用者為中心、原型驅動的創新。波蘭政府贊助了這項計畫，希望激發全國女性的創業潛力。最終超過五千人接受培訓，而其中一位特別讓我印象深刻，至今仍激勵著我。

瑪歌札塔（Malgorzata）是一家大工廠的專案經理。她想把從祖父母那裡繼承的石頭農舍打造成一個以環境保護和教育為核心，特別是「零廢棄」概念的消費者體驗景點。她的執行力就是她的 X 特質，但她不知如何提出一個具體、可行的商業模式。於是，她透過同理心去了解消費者對環保的願景，以及他們可以如何利用她構想的各種體驗。一旦她轉向以使用者為中心去思考，就知道該怎麼做了。

如今，這座農場已成為歐盟自然保護區網路 Natura 2000 的一部分，以保護歐洲生物多樣性。瑪歌札塔在她的農場安裝太陽能板，載運貨物則利用自行車推車，老穀倉裡還有一個賞鳥工作坊。正在籌備中的設施包括麵包烘焙教室、改造舊衣物的縫紉工房、植物標本館和兒童教育農場。瑪歌札塔設想未來遊客的需求以及自己強大的執行力，也就是她的 X 特質，讓她得以用非凡的行動表達她的環保價值觀。

與其問自己「我會對年輕時的我說什麼？」不如這麼問：「今天的我能做什麼，來為明天創造新的機會？」答案很簡單：今天就做出一個全新的選擇吧。這個選擇將會為你打開一扇小門，明天你就可以探索這扇門後的世界。你的 X 特質可以確保這個選擇會很有趣，甚至有些刺激——並且引導你走向未來。

你的 X 特質與你同在，隨時準備推你一把，帶你走向你正在建構的未來。這是你的標誌、你的指紋，也是你最真實的特質。利用這個特質放手一搏吧！你可以不大張旗鼓，同時悄悄地做出深思熟慮、深遠影響的決定。

你能把握機會嗎？

Do you rise opportunity
to meet opportunity??

Chapter 8

為未來做好準備的日子

這本書的每一頁都在激發你，為你強化面對未來的各個面向，並讓你了解在你內在、外部和你的前方有哪些可能性。現在，你該知道自己擁有無限的潛能。你無法確知你的未來會如何，但你知道那不一定是只發生在你身上的事，而是你可以透過每一天的選擇，積極創造出來的東西。

想像一個作曲家坐在鋼琴前譜寫樂曲。他受到一個想法的啟發，寫了幾個小節，彈奏出來，修修改改，再寫一些。在持續的創造和想像中，透過無數的選擇，樂曲逐漸成形。作曲家利用準備好面對未來的每個面向——樂觀、開放、好奇、實驗和同理心——並藉由自己的 X 特質，以他們對這個世界獨特的體驗和感知，創造出新的東西。

那個作曲家就是你，而你所創造的就是你的未來。

因此，你每天跳下床都滿懷興奮，想知道音樂會帶你到哪裡。你不再只是過一天、算一天，消極的向前走，想要躲避改變和不確定性。你正在創造的未來涵蓋無限可能，你不再受限於懷疑或恐懼，你充滿期待打造自己的旅程。想像力指引你到真正想去的地方，獲得想要擁有的體驗。你所做的每一個選擇、你克服的每一個挑戰都為你正在進行的創作——也就是你的未來——增加深度和層次。

「為未來做好準備」的生活是什麼樣子

每天，我都努力生活在為未來做好準備的狀態。也就是說，我把未來拉近，得以看到眼前顯現的機會。同時，我也眺望遙遠的未來，每次做選擇時瞄準高遠的目標。我不知道未來究竟會如何，但我已準備就緒，不管未來之路通往哪裡，我都能成長、茁壯。

如果今天的你，時時刻刻都為未來做好準備，就能把不可避免的變化變成你的優勢。你已了解日常生活的選擇具有塑造未來的力量。你知道未來是持續不斷的旅程，是察覺、學習與適應的學習之路，而不是終點，而且你能想像和預測藏在未來的機會。

為未來做好準備的生活，就是不斷培養能看到無限可能的視野，並具備面對挑戰的韌力，把對未知的恐懼變成好奇接下來會發生什麼事的興奮。你的樂觀使你專注於可能成功的事，而非著眼於失敗；你的開放讓改變成為你的朋友；你的好奇心驅使你去探索、設法了解新的想法；當你實驗，對失敗的畏懼可轉化為學習和發現的刺激；同理心提醒你，你不孤單，而且會拓展你對群體潛能的認知；而你的 X 特質串連起你的經歷，讓你成就大事。

無論你為自己或這個世界做了什麼好事，都是因為你看到機會的時候已準備好採取行動。不管在哪一天，準備好面對未來的心態能讓你看到機會，為自己的未來採取行動。你憑藉創意和想像力，考慮擺在面前的選擇並滿懷信心做出決定。你不知道每一個選擇會把你帶到何方，但你知道你會平安著陸，而且準備好做下一個選擇。

以明天為例。明天你可能會做什麼樣的選擇來開啟新的發現之旅？想想你預期會發生的事：你會做你必須做的事（遛狗、吃早餐、工作），你也會做你想做的事情（看書、去健身房、飯後做爆米花）。你也會對出乎意料的事做出反應（突然下雨、在等紅燈時不小心追撞前車、接到前同事打來的電話）。在這些平凡無奇的活動和情況中，都有許多機會讓為未來做好準備的你做出選擇。雖然這些選擇看起來沒什麼，卻是你譜寫未來之歌的音符。

如果你已經為未來做好準備，每次問：「如果這樣……會怎樣？」，都會帶來可能性。這個簡單的問題就像稜鏡，為你的選擇上色、注入潛力。所以，明天如果你跟一個陌生人談了一下，因此觸發一個突破性的想法呢？如果你在中午休息時間出去散步，聽到一個街頭音樂家演奏一首讓你振奮的樂曲呢？如果你讀了一首詩，讓你得以用完全不同的角度來看一個令人頭痛的問題呢？你做出選擇之後發生的每一件事都有可能把平凡轉化為非凡，朝向你自己塑造的理想未來邁出新的一步——因為現在就是未來。

你想要怎麼活？

準備好面對未來的心態驅使你不斷學習、適應、創新，以朝向未來發展的方式與人和環境建立連結，使你踏上由渴望引導的道路，讓你有能力面對擋在前方複雜的挑戰。在這段旅程中，問題不是你想做什麼或想成為什麼樣的人，而是你想要怎麼活。

這確實是核心所在：**未來，你想要怎麼活？**

你的未來，你想要怎麼活？——思考這件事，將決定你在這個星球留下什麼樣的印記——你的生命印記，存在的證明。你的生命印記是否展現：你的信念和啟發你的事物？你的韌力和勇氣？你了解自己和他人的努力嗎？你對他人的正面影響？你透過選擇得到的經驗是否讓你感到滿足？

每日反思，確認今天的你是否就是你希望的樣子。未來要怎麼活，這個問題沒有標準答案，就像你的 X 特質那樣獨一無二，每一個人都有自己想要存活的方式。如果你每天做的選擇反映你想要的樣子，你所創造的未來就是今天的你留下的痕跡。總之，在你離開之後，人們印象最深的是你的為人，而不是你說了什麼、或做了什麼。

懷抱樂觀、帶著開放的態度、好奇心、實驗精神和同理心，過著為未來做好準備的生活，就能塑造你的未來。你準備好了嗎？

你準備好
迎向未來
了嗎?

Are You Ready
for
Your Future?

致謝

許多人都喜歡提起過去的美好時光。我則想探討如何從慣性思維轉向創造思維，因為這就是塑造美好未來的關鍵，能讓每個人在這個世界感到更幸福、自在。我能寫出這本書，歸功於我家人、朋友、同事的支持，我也要感謝那些給我成長和實驗空間的組織。你們每一個人都扮演關鍵角色，使我每天得以用最不可思議的方式來構想、塑造未來。最終，寫這本書對我來說非常容易，那是因為所有啟發我的人讓這件事變得簡單。感謝你們鼓勵我，要我坐在我的圓頂小屋，開始寫作。

我想對家人說，謝謝你們無盡的愛和鼓勵。你們是這本書的基石。也謝謝你們耐心充當我的實驗品，讓我在你們身上進行這麼多的實驗。

媽媽，謝謝你的愛和支持，總是心胸開闊的擁抱人生的挑戰——你是世界上最懂網路的阿嬤。

爸爸，謝謝你的溫柔指導，是你教會我如何珍惜生活中的傳統之美和快樂。

史戴菲，你擴展我的思維，幫助我成長。儘管海洋隔開了我們，我們的心還是緊緊相連。

安娜，親愛的祖母，你不只護佑一家，而且深深地影響我們，在艱難時期，總是優先考慮他人的需求。

安，謝謝你的隨和。我永遠忘不了你的笑聲。

班乃迪克，感謝你對社群矢志不渝的奉獻。

克蒂絲蒂安，感謝你讓我們一家人的心聚在一起。

多明尼克，欽佩你的創業精神及勇於另闢蹊徑。

伊蒂絲，謝謝你的好奇心以及溫柔關切我的寫書進度。你一直是推動我前進的動力。

伊莉莎白，你畢生致力於特殊教育的熱情教我感動。

伊莉莎白，謝謝你讓我們看到如何過著長壽、健康的人生。

艾瑞卡，謝謝你從無到有建立的非凡傳承，慷慨的讓我們能夠享受你辛勤工作和堅韌不拔帶來的成果。

伊芙琳，你以正念和優雅掌舵人生之帆，帶給我啟發。

葛雷格，謝謝你以非凡的關懷及發自內心的奉獻之心照顧病人。

哈洛德，雖然你離開得太早，但你就像船長，你的教誨引導我在動盪的人生航行，為我塑造堅韌的人生觀。

艾蓮，你是一位富有愛心的教育工作者，你做的一切都體現正確的價值觀。

赫柏，謝謝你在我心中種下對森林的熱愛。

約翰斯，謝謝你對經濟和循環經濟的洞見。

尤爾根，感謝你的機械智慧和卓越的修復技藝，使經典機具得以永存。

卡林，謝謝你，你是一位很了解學生的老師。

康斯坦澤，謝謝你與這個世界分享美麗的音樂。

羅倫茲，你對運動的熱情感染了每一個人。

莉莉，由衷感謝你對照護工作的投入，你的善良和善解人意正是這個世界最需要的特質。

路易斯，謝謝你的啟發，讓我知道如何以更放鬆、從容的態度來過生活。

麥克西米連，感謝你為正義挺身而出。

雷納，感謝你珍惜我們的家族傳承，並透過參與社區工作和政治事務發揮有意義的影響力。

雷納，你是在地創業者真正的支柱，謝謝你總會追逐最棒也最瘋的創意。

羅伯特，你具有全球商業的眼光，並為自己的家鄉奉獻。

莎賓娜，你的溫暖與關懷使我們的家族更加和樂。

賽巴斯汀，你是有耐心的老師，總是鍥而不捨，總是激勵學生。

瓦倫汀，你是一位技藝與創意超群的建築師，以願景精確塑造我們在這個世界的空間。

威爾翰，感謝你在政治領域不屈不撓的為人民發聲，並教我如何以同理心來領導。

我也要在此向我的朋友和同事致謝，對這個出版計畫和我的人生，你們的影響無法言喻。每一位都有獨特而重要的貢獻。

亞歷山大，感謝你把對釀酒的愛好轉化為專業，精通了釀造藝術——你真幸運。

阿方索，謝謝你帶給我們難忘的 Airbnb 初體驗，芬蘭也成為我們珍愛之地。

安德里亞，謝謝你在我們共同的辦公室陪我度過寫作的甘苦。

安德魯，感謝你在大學期間有好幾個月與我分享你的充氣床墊，還跟我一起探索加州生活，創造美好回憶。

阿尼，感謝你伴我走過這段學術研究之旅，共同創造了這份非凡的指導手冊。

亞斯卓，謝謝你讓這個大膽的登月夢想成真。

班尼，感謝這段長達數十年的友誼，你教我耐心的藝術和慢步的智慧。

伯納德特，你的學術研究路線頗有禪風，使寧靜與學術嚴謹完美結合。

伯尼，謝謝你教我們如何把成就變成一種習慣。

比爾，我得感謝你用自己的視覺敘事天賦，把重要的思想轉變為現實。

比爾，感謝你教我們把正念和幸福放在第一位。

巴比，謝謝你慷慨的分享你對動畫的熱愛——這正是這個世界需要的熱情。

布雷德，感謝你以堅定且厚實的價值觀領導社區，並且給我們啟發。

克里斯蒂安，你讓我們看到聰明工作（而非努力工作）的藝術，並為你嚮往的職涯鋪好一條路。

克里斯蒂安，你從不錯過任何聚會的機會，你讓最無聊的聚會變得樂趣橫生。

克里斯蒂安，你的 AI 創新為未來在技術和自我發現方面的探索鋪路。

克里斯多福，你的優雅和熱情款待豐富了許多人的生活。

克里斯博爾，你領導的 E-Ship 創業計畫帶我超越極限。

丹，感謝你提供的寶貴建議和靈感。

丹尼爾，你是偉大的旅行策劃者。

丹尼爾，我們是精釀啤酒的志合道合之士。你的現實主義提醒我與有形世界保持連結。

大衛，你是一位非凡的執行教練，可惜你這麼早就離開這個世界。

大衛，謝謝你讓設計思維變得淺顯易懂。

黛比，謝謝你分享的故事，讓每位設計師深受激勵。

黛比，你總是對最需要幫助的人表現出同理心。

德克，你每天都樹立決心和力量的榜樣。

東恩，謝謝你在神經科學方面指導我，並與我進行有趣的腦力激盪，想像關於未來的可能性。

艾爾，你是我交情最深厚的朋友。你是以真誠和開放心態航行在人生大海的典範。

艾瑪，我永遠記得我們一起坐車旅行，在車上玩扭扭棒和黏土。

艾瑞卡，你是最優秀的經理人。

法比歐，你總是興高采烈的與我度過美好時光。

弗洛，即使碰上最困難的挑戰，你依然積極、堅定。

弗蘭齊斯卡，你擁有永不枯竭的樂觀精神。

佛瑞德，你每天總是用各種方法信任我、支持我。

蓋瑞，謝謝你相信教育的未來，為實驗提供空間。

喬治，謝謝你用溫暖、善良和同理心指引很多人。

葛羅，謝謝你讓我和我的家人了解，不完美也能為我們帶來個性和美感。

吉賽拉，你教我們如何對一切保持開放的心態。

戈登，不管在順境還是逆境中，你都是真正的朋友。你的務實證明生活是可以取得平衡的。

哈索，感謝你在一個偉大的想法和我身上投資。

雨果，謝謝你相信科技在教育方面的力量。

惠秀，感謝你長久以來的支持，你總是在推動教育前進。

休梅拉，感謝你培養出這麼多的全球變革者。

珍，謝謝你拉著我，我才能爬上山頭。

珍，謝謝你熱情倡導文化變革。

珍娜，謝謝你努力不懈的尋找人才。

簡斯，謝謝你在沙灘和雪地上創造的回憶。

簡斯，我永遠忘不了我們在南非的冒險，以及開金龜車飆車的刺激。

簡斯，感謝你幫忙拯救德國經濟以及和你在康斯坦茨共度美好時光。

傑洛米，謝謝你把這麼多的領導人變成設計思想家。

傑斯，感謝你對人類心靈的堅定信念。

約爾格，謝謝你幫助我發現行動服務的未來以及其無限的可能性。

約爾根，感謝你在世界各地倡導人權，並幫助弱勢者找到自己的力量。

卡爾－漢茲，謝謝你這麼多年來對教育的熱情。

卡塔莉娜，感謝你每天分享一張照片以及我們對這個臨時社區的願景。

卡塔莉娜，謝謝你的無限樂觀、創造精神，以及對鋼筆的熱愛。

凱伊，感謝你支持我。

凱倫，感謝你向許多人傳達精湛的溝通技巧。

克羅斯，感謝你讓我們看到如何忠於自我。

賴瑞，謝謝你的十倍遠見，為一家人人熱愛的公司塑造未來。

賴瑞，謝謝你的大力支持，把我介紹給史丹佛設計社群。

拉爾斯，我要說你是一位真正可靠的朋友，而且跟我一樣喜愛清酒。

拉斯洛，謝謝你在 Google 把人力資源部門推向未來。

羅倫茲，謝謝你對下一代需求和視角的寶貴見解。

洛瑞，我想感謝你在世界各地廣為傳播史丹佛創新研究計畫的魔法。

莉亞，在塑造人工智慧的未來方面，你是一位強大、有說服力的倡導者。

蕾蒂西亞，謝謝你這十年來每一個月在創意活動的表現。你是優秀的教育家，激勵了好幾代人。

莉莉，感謝你致力於社會工作，並且成為同輩的榜樣。

麗莎，感謝你傳授未來思維給今天和明天的領導者。

洛伊，你是一位學習設計的魔術師。

路卡茲，感謝你在波蘭為超過一萬名有抱負的企業家帶來創新創意技能。

萊拉，感謝你對人力資源和工作的未來提出新的想像。

馬科斯，謝謝你對人工智慧的未來抱持樂觀態度。

麥咪，謝謝你與我一起創辦 Google 車庫。

馬克，你激勵了好幾代當地的家族企業家。

馬丁，感謝你倡導公平交易咖啡，還有經常在凌晨三點打來的電話。

馬蒂斯，謝謝你經常大駕光臨，能夠與你面對面，讓溝通似乎變得毫不費力。

莫琳，謝謝你在我們的教學冒險中展現的開拓精神。

梅麗莎，感謝你為兒童提供的心理健康教育。

麥可，你為每一個人創造了美麗的空間。

美知，你廚藝高超，希望人人都能品嘗你的拿手好菜。

米瑞安，謝謝你領導德國走向更美好的數位未來。你證明今天就可能創造明天。

莫里茲，你是蠻荒的探路者，帶我們到地圖的終點。

尼可，欣賞你的喜愛冒險和追求健康。

妮娜，你是卓越的品牌專家，也是一位很棒的朋友，總是與人分享好的建議。

奧雷，你是一位擁有設計之心、偉大的演講教練。

奧立佛，你告訴我們，除了勝利，還有更重要的東西。

奧立佛，你在財務上的膽識和節儉一樣聞名——這是你成功的祕訣。

奧立佛，你打造了讓未來創辦人與領導者能蓬勃發展的生態系。

巴斯卡，你對未來的激進想法令人喝采。

派翠克，你是一位真正的朋友，也是傳統的擁護者。我們尊重彼此的不同觀點。

彼得，謝謝你寶貴的學術和人生智慧。

菲利普，無數個在法蘭克福轉機的夜晚都感謝有你相伴。你讓我明白，不管我在哪裡，只要跟好朋友在一起，那裡就是我的家。

瑞秋，感謝你努力在所有事情中找到美好。

雷夫，謝謝你挖掘到這麼多引人入勝的故事題材。

盧其卡，我要謝謝你的正念和公開發聲——你是寧靜和智慧的燈塔。

萊恩，感謝你的求知若渴。

莎拉，謝謝你領導設計學院，幫助學生駕馭充滿不確定性的未來。

史考特，謝謝你讓人人都知道怎麼製作原型。

史考特，謝謝你的創造天才，使每個人都有發揮的空間。

席默斯，你是一個戴著橘色針織毛帽的點子王，用繽紛的色彩描繪人生。

賽巴斯堤安，儘管我們相隔千里，我仍感覺到你在我身邊，支持我。

瑟吉，你離開 Google 之後，依然是個有遠見的人，只是三不五時就在找你的太陽眼鏡。

史帝凡，你是永恆的自行車騎士，並教我視覺辨識是如何形成的。

史帝凡，我們在康斯坦茨一起擁有無數的回憶，尤其是大一第一次考試前坐在長凳上長談。

史帝凡，你的反思幫助我們看得更深入。

史戴菲，你激勵了很多孩子，讓他們相信自己的創造力。

史戴菲，你激發我對特斯拉使命的熱情。你太了不起了，可以獨自扛起一個家。

史黛芬妮，你是每個團隊夢寐以求的超級英雄。

塔吉安娜，謝謝你如此關心每一個人、每一件事。

湯瑪斯，你是一位具有卓越遠見的設計師。

湯瑪斯，你是一位很有親和力的演員，每一個人都想當你的朋友。

湯瑪斯，你的創意促成「重新構想計畫」。

湯瑪斯，你這無冕王的生花妙筆讓我享受了一下成名的滋味。

提姆，親愛的摯友，謝謝你陪我一起在中國探索。

提姆，感謝你教我們如何透過設計改變世界。

蒂娜，感謝你的指點，讓我知道要怎麼教，以及如何把好的想法推向世界。

托比亞斯，我們徹夜未眠，一起腦力激盪，以及在無垠星空下圍著營火講故事。

托爾斯登，感謝你以寶貴的技術和想法支持我，並成為我朋友的摯友。

泰勒，謝謝你的藝術眼界，讓每個人都能感受到自己的價值。

伍爾夫，你是具有創意力量的品牌管理者。

伍力，謝謝你在德國推動設計思考。

伍力，謝謝你教我透視的藝術和柔道的優雅。

凡妮莎，感謝你在我們追逐新想法的過程中，堅守陣地，而且始終如一的支持我。

柔伊，感謝你對我們對話的深刻見解。

對於 Google 和史丹佛大學，我將永遠感激能成為你們的一份子，一起努力促進人類成長和建造未來。我在史丹佛和 Google 之間的一〇一公路往返，一面教學，一面實踐，讓我發現自己的未來。

感謝所有 Google 員工和前員工，你們在本書中分享令人難忘的故事，證明我們可以創造自己的非凡未來。

創意技能創新實驗室（CSI 實驗室）所有人員，謝謝你們幫我教導數萬名 Google 人員如何建造未來。

史丹佛同事，謝謝你們教我設計以人為本的未來。

我的出版夥伴，因為你們的幫忙這本書才得以問世——我對每位讀者未來的希望也才能傳達到他們心中。

霍利斯，謝謝你相信本書。

凱倫，你的創意天才，不只創造了這本書，更創造出一個更美好的未來。感謝你啟發本書每一頁。

法蘭西斯科，謝謝你幫我表達得更優雅、深刻。

亞曼達，感謝你努力不懈，把我想要傳遞的訊息，傳送到每一位讀者的心。

萊思利，謝謝你非凡的奉獻精神和結果導向法。

蕾秋，感謝你的引導，讓這本書通過出版過程的所有神祕途徑。

珍妮特，你的精湛校對大大提升本書品質。

潔西卡，你是我們的公關好夥伴，不但知道如何產生有意義的影響，而且擅長有效的傳播消息。

最後，感謝每一位我有幸接觸的人，你們都為我上了寶貴的一課。

關於未來，我承諾我會時時刻刻盡己所能，讓每一章更加精彩。

注釋

Chapter 1 未來與你

1. 未來的隱喻：Draper L. Kaufman, *Teaching the Future: A Guide to Future-Oriented Education* (Palm Springs, CA: ETC Publications, 1976).
2. 創造的本質： Mihaly Csikszentmihalyi, *Creativity: Flow and the Psychology of Discovery and Invention* (New York, NY: Harper Perennial, 1996).

Chapter 2 激進的樂觀

1. 有關習得的樂觀：Martin E. P. Seligman, *Learned Optimism: How to Change Your Mind and Your Life* (New York, NY: Alfred A. Knopf, 2006).
2. Kelly Leonard and Tom Yorton, *Yes, And: How Improvisation Reverses "No, But" Thinking and Improves Creativity and Collaboration—Lessons from the Second City* (New York, NY: Harper Business, 2015).

3. Google 街景相機捕捉的喜馬拉雅山巔絕景：Roberto Baldin, “Behold: Google’s Stunning Street Views from the Top of the World,” Wired, March 18, 2013, https:// www.wired.com/2013/03/google-summit-maps/.
4. 查爾斯與蕾．伊姆斯拍攝的科普影片《十的冪次》（*Powers of Ten*）https://youtu.be/0fKBhvDjuy0.
5. 凱樂．萊恩的歌：〈我的血為了愛爾蘭沸騰〉 (My Blood Is *Boiling for Ireland*): https://youtu.be/3pJrsxpwJjE.

Chapter 3 **毫無保留的開放**

1. 開放與創造力：

   Joy Paul Guilford, "Creativity," *American Psychologist 5*, no. 9 (1950): 444–54, https://doi.org/10.1037/h0063487.
2. 開放與心流：Mihaly Csikszentmihalyi, *Flow: The Psychology of Optimal Experience* (New York, NY: Harper Perennial, 1991).
3. 奧利弗．比爾霍夫的「金球」：https://youtu.be/Hyec44LVr38.
4. 如何折紙飛機：https://youtu.be/G7ec7qCHwzc.

Chapter 4 **引燃你的好奇心**

1. 好奇心與創造力： George Land and Beth Jarman, *Breakpoint and Beyond: Mastering the Future Today* (San Francisco, CA: Harper Business, 1992).
2. 好奇心與兒童發展：Susan Engel, *The Hungry Mind: The Origins of Curiosity in Childhood* (Cambridge, MA: Harvard University Press, 2015).
3. 與鯨鯊一起游泳：https://youtu.be/mn5a3XJhJd4?si=HXOCC8VZqtaZVnyA.
4. 問題與好奇心：Erwin Straus, "Man: A Questioning Being," *Tijdschrift Voor Philosophie 17e*, no. 1 (1955): 48–74, http://www.jstor.org/stable/40879945.

Chapter 5 **不停的實驗**

1. 實驗與創新：Mark Stefik and Barbara Stefik, *Breakthrough: Stories and Strategies of Radical Innovation* (Cambridge, MA: MIT Press, 2004).
2. 團隊的心理安全感：

   Amy Edmondson, *The Fearless Organization: Creating Psychological Safety in the Workplace for Learning,*

Innovation, and Growth (Hoboken, NJ: Wiley, 2018).

3. 設計改變與人類行為：Richard H. Thaler and Cass R. Sunstein, Nudge: *Improving Decisions about Health, Wealth, and Happiness* (New Haven, CT: Yale University Press, 2008).

Chapter 6 **擴展同理心**

1. 演化與同理心：Frans de Waal, *The Age of Empathy: Nature's Lessons for a Kinder Society* (New York, NY: Harmony Books, 2009).

2. 同理心與 EQ：*Daniel Goleman, Emotional Intelligence: Why It Can Matter More Than IQ* (New York, NY: Bantam Books, 1995).

Chapter 7 **你的 X 特質**

1. 利用你的優勢： Marcus Buckingham and Donald O. Clifton, *Now, Discover Your Strengths* (New York, NY: The Free Press, 2001).

國家圖書館出版品預行編目（CIP）資料

原力心態：Google 模式的未來思考／弗雷德里克・佛特（Frederik G. Pferdt）著；廖月娟譯 .- 第一版 .-- 臺北市：遠見天下文化出版股份有限公司，2025.05

304 面；14.8×21 公分 .--（財經企管；BCB879）

譯自：What's Next Is Now: How to Live Future Ready

ISBN 978-626-417-389-6（平裝）

1. CST：自我實現 2. CST：思維方法 3.CST：生活指導

177.2 114006138

財經企管 BCB879

原力心態

Google 模式的未來思考

What's Next Is Now: How to Live Future Ready

作者 —— 弗雷德里克・佛特 Frederik G. Pferdt
譯者 —— 廖月娟

副社長兼總編輯 —— 吳佩穎
財經館總監 —— 蘇鵬元
責任編輯 —— 張維君（特約）、王映茹
封面設計 —— 常羊設計 林采瑤（特約）

出版人 —— 遠見天下文化出版股份有限公司
創辦人 —— 高希均、王力行
遠見・天下文化 事業群榮譽董事長 —— 高希均
遠見・天下文化 事業群董事長 —— 王力行
天下文化社長 —— 王力行
天下文化總經理 —— 鄧瑋羚
國際事務開發部兼版權中心總監 —— 潘欣
法律顧問 —— 理律法律事務所陳長文律師
著作權顧問 —— 魏啟翔律師
社址 —— 臺北市 104 松江路 93 巷 1 號
讀者服務專線 —— 02-2662-0012 ｜傳真 —— 02-2662-0007；02-2662-0009
電子郵件信箱 —— cwpc@cwgv.com.tw
直接郵撥帳號 —— 1326703-6 號 遠見天下文化出版股份有限公司

電腦排版 —— 陳姿妤（特約）、繪心（特約）
製版廠 —— 中原造像股份有限公司
印刷廠 —— 中原造像股份有限公司
裝訂廠 —— 中原造像股份有限公司
登記證 —— 局版台業字第 2517 號
總經銷 —— 大和書報圖書股份有限公司｜電話 —— 02-8990-2588
出版日期 —— 2025 年 5 月 27 日第一版第一次印行

定 價 —— 420 元
ISBN —— 978-626-417-389-6 ｜ EISBN —— 978-626-417-390-2（EPUB）；978-626-417-391-9（PDF）
書 號 —— BCB879
天下文化官網 —— bookzone.cwgv.com.tw

天下文化

BELIEVE IN READING